胡漢民、汪希文——原著
蔡登山——主編

任重而道遠

民初巨擘
胡漢民傳

目錄

導讀：胡漢民和他的自傳

蔡登山

胡漢民（1879－1936），原名衍鴻，字展堂，號不匱室主，廣東番禺縣人。自稱漢民，意為不做滿清臣民，做大漢之民。中國國民黨元老和早期主要領導人之一，也是國民黨前期的右派代表人物之一。

在孫中山的手下最得力的助手，早期就是朱執信、胡漢民、汪精衛這三個人。就如同汪希文所說：孫先生在世時，最推重胡漢民與汪精衛，胡、汪二氏常能左右孫中山之行動與主張，偶然發生某項問題，孫中山擬出一項處置辦法，若胡、汪均表示同意，便即施行，倘胡、汪二氏未同意，或另有不同的主張，孫中山可能放棄自己的意見而從胡、汪，此為司空見慣之事。由是黨中有一部分同志，每謂胡、汪乃是「太上總理」。而朱執信是汪精衛之外甥，比汪年輕兩歲，他更厲害，當時在黨內，若他同意孫中山之主張，或是另有折衷辦法，結論是孫中山及胡、汪又每能接納朱執信之意見。因此朱執信當年又有「太上上總理」之稱。

至於胡、汪兩人情誼彌篤，曾聽說汪北上行刺時，與胡曾作痛談，互以釜薪為喻。但據與二人有舊者說，兩人個性不盡相同，胡剛、汪柔，胡待人接物，不若汪的親切；胡的口才，也不若汪的能委婉曲折引人入勝；論儀表，胡的瘦削，當然夠不上汪的清秀俊逸；因此，無論黨內黨外，汪的人緣，遠比胡好；孫中山對外的聯絡重任，也大都由汪擔任，至於兩人的文筆，汪似乎又在胡之上。胡、汪兩人後來凶終隙末，原來生死患難之交，「門戶水火」，就再無緣晤對一堂相與共同協謀黨國之事了。

胡漢民自一九〇五年在日本東京加入中國同盟會，輔佐孫中山從事革命運動，一直至一九二五年孫中山逝世前後二十一年中，追隨孫先生，參與決策，精誠無間。孫中山的許多重要文稿多由胡漢民執筆，孫、胡二人在艱苦歲月中共同奮鬥，相濡以沫所形成的密切關係是十分穩固而持久的。儘管胡漢民常書生意氣、固執己見，甚至與孫中山發生過多次爭執，但是在大是大非問題上，他總是遵從孫中山，或站在孫中山一邊，孫中山曾對人說：「余與漢民論事，往往多所爭持，然余從漢民者十之八九，漢民必須從余者十之一二。」儘管在孫中山晚年他們對一些重要問題有了認識上的分歧，但胡漢民仍一如既往地追隨孫中山，而中山先生也始終信任、重用胡漢民。

胡漢民給人的感覺是純粹的革命黨人本色，他風骨皎厲，涇渭分明；苟利黨國，死生以之；有犯必校，不隨和、委蛇，不忮、不求，剛勁不阿；當名分攸關處，不為人留絲毫餘地。因此論者胡耐安有如此的評價：「胡氏歷經『世變』，復『拙』於『應變』；更再度的作『海外逋臣』，一為廖仲凱案之莫須有涉及，一則時勢孔棘藉病作汗漫遊，孤憤抑積；此老性情，也就不免剛、柔間難得濟衡。加之於他，那份過分剛直幾近乎執拗的偏叵成見，例如他所揭示黨人的口號：『黨外無黨，黨內無派』；便引起不少的麻煩。黨外的如青年黨的人，心有不甘的說是違反『民主政治』的原則。那時，還很少聽到有個民社黨，好像只不過是張君勱在搞奠基的打算。黨內，也有人紛紛責難；其實，他那『孤憤』的對黨忠貞，對國是的熱望，確是用心良苦。有人說，他受同志責難，就是傲視儕輩『自行其是』的『咎由自取』？馴至『西南偏安』，國脈日弱蒿目時艱，世事乖張，全非始願所及。因之，晚年心境，更顯得落寞寡歡；既傷老成之凋謝，行自念也的又是不如意事十常八九；終以宿疾而告不起。」

一九三六年五月十二日胡漢民因腦溢血在廣州顒園病故，終年僅五十七歲。南京國民政府悼胡漢民的輓聯是：

乾坤正氣，黨國元勳，偉業贊共和，心力卅年匡大局；
道德恭持，文章經世，精神迴同儕，英靈萬里護中樞。

本書分三部分，其中〈胡漢民自傳〉是作者親手所撰，回顧了自幼年至一九一二年七月再任廣東都督的經歷，著墨的重點在求學，追隨孫中山進行反清鬥爭，以《民報》為陣地與保皇派進行論戰，民國成立後在總統府秘書長任上的作為等，是民國史研究方面的較為重要的參考資料。其次是節錄姚漁湘所撰之〈胡漢民先生傳〉，最後是汪希文所寫的〈憶胡展堂（漢民）先生〉。

其中汪希文，號子申，是汪兆鏞之子，汪精衛的胞姪。汪希文生於光緒十六年九月初六日（一八九〇年十月十九日），只比汪精衛小七歲而已。汪希文是國民黨元老古應芬的高足，民國六年，護法之役，孫中山在粵稱大元帥，汪希文在內政部為簽事（居正、葉夏聲分任部長、次長）。汪希文在抗戰前，不過曾任廣東番禺縣長，後來任國民政府財政部簡任秘書、汪偽政府時任行政院參事，外放浙江省政府委員，兼糧食局長，又調社會福利局局長，再調浙江省第四行政區行政督察專員兼區保安司令，論官階不過簡任一級。汪希文晚年流落香港，他也是命理學家，於當時的術數界頗負盛名。汪希文於遲暮之年，而尤需賣文為活；以他的詩書傳家，竟效君平賣卜，我們可以體味到他晚景的孤寂淒涼，與生活的清苦艱窘。一九六〇年二月十五日，他服安眠藥自殺於香港沙田萬佛寺。

汪希文對於胡漢民，都有其近身的觀察，較之他人所寫的，當有更珍貴的史料。而這長文當年僅發表於香港《天文臺》報紙上。從未結集出版過，因此知者甚少。筆者鑑於其資料之可貴，乃重新打字校對，合為一書。使其對當年諸事之顛末，有其脈絡可循，當有助於對其整個歷史背景的瞭解。

輯一、胡漢民自傳

胡漢民　原著

家世與少年時代

余父文照，為江西廬陵縣延福鄉青山村人。累世業農，至祖父宦遊來粵。父治刑名，就幕州郡。母文姓，江西望族，能為詩，且解音樂圍棋。余以千八百七十九年出生於廣州番禺縣。幼即從父母流寓博羅、茂名、德慶等縣。父性廉介，其客州郡，稍不合，即拂衣去。生五子二女，食齒繁，故家常貧。母極勤儉。余幼時最見愛於母，既就學，記憶力獨強，由是父亦愛之。幼年事無足述者。惟記於六歲時隨父母至高州，途中僱挑伕，給以工資。輒為夫頭乾沒，夫役咸咒罵，夫頭方施施然從二煙館出，各伕見之，復無如何，余甚怪各伕之懦。又七歲時，寓高州府衙，與老僕過衙中審訊處，適刑扑犯人，犯人號呼如豕啼，余急走避，數月不敢出。此二事印象頗深，故稍長亦未嘗有叱責婢僕之事。其時太平天國失敗，滿清為中興時代，仍以八股科舉取士。余十一二歲時，日能誦數千言，遂盡讀所謂十三經者，更及史記古文辭之屬。下筆為古文時，文俱斐然可觀。一八九一年秋，父病歿，由是無力從師，僅自修於家。一八九三年母復病歿，只兩月始克舉殯。家庭生計，蓋有不堪言狀者。

父教至嚴，而余則極孝。父患病以誤信庸醫者言，沉綿數月，余聞長兄進諫而為父所斥，則亦默然退。至父病革，余哀且憤，驟入廚取刀欲斫殺某醫，叔父某掩入，奪其刀，舉家以為將自殺以殉，母哭尤哀，余亦伏地哭，而某醫聞聲逃，十年不復見矣。母死以家計故，與長兄清瑞各課徒餬口。兄與余友於最篤，兄治經最力，余不能也。余年始十六，門徒有十七八歲者。既課徒，復須自修，且時應考書院，博膏伙以贍養弟妹。爾時中國學子皆不識所謂衛生之說，惟夜繼日，窮年苦攻。父母見背，而一兄一姊兩弟，皆以醫養不足，相繼殂謝，以是常憂傷憔悴，而壯年體弱多病，俱緣於此。幸而知識慾頗盛，又能為詩，憂愁有所發舒，故不至發生厭世思想。十五六歲從書籍中見顧亭林、王船山諸人著述，深感滿洲政府以異族宰制諸夏之無理。適有中日之役，割地賠款，喪權辱國，使當時學界為之激昂，輒攘臂而談時務，顧皆無要領，於余心未饜。獨孫逸仙博士忽謀革命於廣州，則以為空前奇舉；然其時實未識孫先生為何如人，且無由與通；惟有間從耶穌教會信徒來往，稍知一二，因孫先生本為教徒。其時耶教乃官府所慴畏，間有祕密出版之書籍，亦由教徒密為輸賣，教徒爾時常有同情於反對政府者。如是者十年，其後則反是矣。清廷敗於日本，其腐敗而無能力之弱點，無從掩蔽，少數較開通之官僚稍欲引進嗜新敢言之士，以與頑固者角勝，其動機亦緣於帝后黨派之爭。滿清襲用中國從來宗法社會制度，西太后以女主握政權者二十餘年，謂之垂簾聽政。至光緒帝載湉既長，名雖歸政，而在朝大官大抵為太后所任用。有翁同龢者，為帝師傅，欲擁帝而排斥后黨，於是文廷式、康有為輩由是不次進擢。中日之役，以海軍年費輒移入內務府為頤和園用（太后所居），為召敗之一因，軍事當局之李鴻章，亦抗疏言之。后黨多老朽，既敗於強敵，則亦稍斂，以讓所謂維新變法之新進，此一八九六、七、八年政局之情形也。

滿清箝制漢人之政術

滿清本以少數民族宰中夏，蓋乘明代內亂而以兵力得之。張獻忠、李自成以飢民為流寇，惟事殘殺，造成恐怖，明之諸王又皆脆薄，不足與滿清抗，清之得中國易於蒙古。顧其箝制漢人之政術，則超出蒙古數等，自握政治中心，權不旁落。稍去明代之嚴刑苛稅，以收民心（如康熙永不加稅之類）。獎勵儒學，多用漢人為文學侍從之臣，以平士夫之氣。舉族皆兵，如斯巴達之於雅典；且分以駐防各省，防止內亂；疆臣分筦兵刑錢穀之事，俱受成於中央，故終滿清之世，無有以封疆大吏能據地以反者。又大為宣傳，其始為君臣大義之說，破古來夷夏之辨，冀以移易漢人民族觀念。繼則偽造故實，謂滿族亦同源於諸夏。收天下藏書著為四庫，其對於滿清統治有反動者，列為違禁書目，嚴令摧燒之。康乾之間，文字之獄數見，戮尸夷族，以箝其口。然漢人民族思想，終不消滅，託為神誕，以紀念明亡。如太陽經之屬，純為崇禎帝而作，文極俚而普遍。民間死則著前代衣冠以殮，謂之「生降死不降」。明之遺民以文網不可犯，而士夫糜於爵祿，不可與謀，於是創所謂洪門，以反清復明為口號，成一種祕密結社，徧於南北各省，表面則取互相扶助之形式，下層社會爭趨之，紀律甚嚴，刑賞必信。其作始之人，亦知此種會黨僅能為革命之材料，與其潛伏之勢力，其發動必賴於英雄豪傑之指揮，故洪門又有待真主之言。清康乾間所謂白蓮教造反，嘉慶時代林清之反動於北，王三槐等之反動於南，皆以會黨起事，至太平天國則尤其彰明較著者。

至滿清末葉，重以帝國主義之侵掠，民生日蹙，清廷政治，惟有黑暗腐敗，滿族尚武之精神已衰，日趨於統治貴族坐致滅亡之末運。於是漢人民族思想日盛，以至於傾覆滿洲。一八八八年所謂戊戌（按戊戌應為一八九八年）變政，其內幕為帝后之爭。光緒帝引用康有為、梁啟超、譚嗣同之屬，雜取所謂西法者，以詔令施行之，其重要者為廢科舉、開學校，餘則紛然無復條理。譚嗣同等號新參政，后黨已頗側目，且其盤據已久，后之妹壻榮祿，方握重兵，頤指內外。於是康有為、譚嗣同等密謀以兵去太后。袁世凱者，初亦與康、譚同為保國會會員，世家子，有幹才，自高麗事件失敗歸，譚嗣同等說帝不次擢用之，袁亦偽與康、譚親附。旋得掌榮祿所筦兵之一部，康、譚乃假帝旨意，使袁以兵入京，便宜行事。袁索帝詔書，康、譚不能應，但謂帝意如此，且事繫帝之生命，非此無以救帝於太眉之手。袁偽應諾，而即馳往告密於榮祿。榮祿以告太后，遂一日尸譚嗣同等六人於市。康有為幸走免。梁啟超方在上海，亦不及難。后仍聽政，凡帝所行新政悉推翻，而袁世凱且日見任於后矣。康有為始為保國會時，猶放言：「保中國不保大清」；而其後乃專言保皇，結保皇黨於海內外，蓋歷史環境使然。自其對於滿清貴族的政治而言，亦為一種反動，而其實則代表新官僚階級利益而已。其卒不能與革命黨抵抗亦以此。

革命、保皇兩黨之領袖，皆出於廣東，此為地理之關係。顧孫先生之謀革命也至祕密，其第一次舉事，亦以會黨為基本隊，而學界無知其事者。康有為生長廣州，聚徒講學二十年，其得志前後，廣東學界頗受其影響，惟余則素薄其為人與其學說。蓋康居鄉，為土豪劣紳之所為，熱衷奔競，行不踐言；治學則剽竊武斷，祇以大言欺人。其徒相率效尤，高者當不逮唐之八司馬。且是時余之民族思想，已不可遏，康等由保國而變為保皇，其理論尤覺每況愈下，故當時對之，絕對不生一種信仰，康徒每言尊王攘夷，笑應曰：「王者孰謂？謂文王耶？」

清廷之排外與媚外

余十九歲後，雖仍以舌耕硯耕為活，然生計已漸裕，交遊亦漸廣，日與社會接觸，而受環境之刺激，益思奮起而改革之。一九〇〇年，史堅如埋炸藥轟廣東巡撫署，以應孫逸仙先生惠州之師；事不成，遇害。余故識史氏兄弟，且愛堅如之為人；惟是舉則未與謀。此役以後，革命實行者俱遠適他國，余常獨居深念，以為非遊學，無以與革命黨人謀，即個人學業，亦猶不足充所懷之志願。乃決心為留學計，然其時個人經濟，尚不能達到也。

清末義和團事件，不獨影響於清政府本身，且影響於全中國，影響於世界各國，即一九一一年辛亥革命，亦受其影響。其總原因為排外，為受列強壓迫之反動；然其內容頗複雜，其份子有農民、會黨與清室親貴及守舊之官僚，則各以其階級地位而觀點不同。帝國主義之列強侵入中國，以通商，傳教為兩大工具。通商則打破中國，從來之自然經濟，而內地失業落伍者日多；傳教又挾有勢力以壓一切平民，則於信仰之外，更生反動。（耶教人常有怪佛教入中國，不遭排斥，何獨異於耶教者，此實自忘其面目。佛教固未嘗有如耶教以帝國主義為其背景，作其策援也。故滿清末葉排外與仇教，幾互為因果，各省鬧教之案，幾無歲無之，以列強為後援，其結果決無公平之判決，平民積恨已深。）北方各省以交通不便，生計落伍者，自較有通商口岸之省為眾。教士挾其公使主教之勢力，而欺人民之無知，則亦愈橫。瓜分海港，本為帝國主義列強預定之計畫，為繼日本割取臺灣後之一定步驟；然表面則由山東殺一教士，而德國乃以為報償及懲罰之條件，而據割膠州；一時旅順、大連、威海衛、九龍、廣州灣等，紛紛喪失。列強更進而設置其所謂勢力範圍，聲明中國某省某省不得割讓於他國，如德之於山東；英國之於揚子江各省；法國之於兩廣、雲南；日本之於福建等；俱就其已獲得之地域，更延長之，為將來割據之張本。中國人民於是時，既懼且憤，故排外為義和團事件之總動機，為帝國主義壓迫之反響。其在農民份子，此種民族思想之表現，於革命歷史進行中有莫大價值，決不因後來帝國主義者之污衊詬罵，而有所貶損。惟義和團之所以一敗塗地，與為此次運動之最大缺點，則指揮領導者當全尸其責。會黨首領既毫無政治常識，而以至粗劣之迷信為惟一武器，其智識能力，且遠在張獻忠、李自成之下，視洪、楊更望塵弗及。清室之端王、莊王、毓賢、剛毅輩，更蠢如鹿豕，祇欲利用義和團之符咒有靈，砲火不入，以消滅外人之勢力，回復清室之威嚴；且於新舊紛爭之中乘此湔除知識階級維新革命之思潮與其潛勢力。故在當時如李鴻章、劉坤一、張之洞、袁世凱輩，皆不敢贊同；即榮祿亦首鼠兩端；其以漢大臣為大阿哥師傅之徐桐（大阿哥係清朝皇太子之號，其時以光緒帝無子，西太后乃援立端王之子溥儁）語人曰：「人說洋鬼子厲害，究竟不過東交民巷這幾個鬼子罷了，弄完他，還有什麼？」其昏瞶可以代表一斑。剛毅、李秉衡之屬，更作「封神演義」一種口胳，稍有識者俱決其必敗。義和團又斥談西法，能操外國語及用舶來品物者，皆曰「二毛子」，遇之殆無幸免，濫殺焚掠，無複製止者。至狙殺德國公使與日本參贊，圍攻各國駐京公使館，而八國聯軍遂向北京進攻，清軍與義和團悉敗潰，團眾死者不勝計。清帝后出走，天津、北京備受聯軍之蹂躪。然聯軍鑒於中國民氣之頑強；而在山海關等處，日、美之兵；幾致衝突；俄已進兵滿洲，為久據之勢；各國至此，乃知不能遂瓜分中國。乃仍與清政府言和，迫使懲罰罪魁，索賠款四萬萬，分年攤付，其總額乃為九萬萬。自是而清廷更慴服於帝國主義者之淫威，一意專心於媚外，而民間亦諱言排外矣。當時有「南革北團」之稱，革命黨以排滿革命為口號，義和團則以扶清滅洋為口號，其目的絕對不同。革命為解放改造之思想，義和團則惟是野蠻復古之思想，二者更難相提並論。然皆以抵抗帝國主義之壓迫而起，其動機如一耳。

清政府利用義和團以仇外，歷史幾無其例。惟前此六十年（西曆一八六六年）朝鮮以大院君執政大殺天主教徒之舉（死者二十餘萬），彷彿似之。俄國軍艦自行引退，法艦兩次進攻，以朝鮮有備，皆大敗。大院君遂貫徹其攘夷鎖國之主義於一時。端王諸人殆有羨於大院君，然其形勢不同；端王等不修軍備，惟符咒是恃，斯更不能望為大院君矣。

義和團之變後，清廷諸頑固親貴多以此得罪見廢，帝派之言維新者，稍稍復進前之。復以八股取士者，又改為策論。余已絕意於滿洲之祿位，欲為人捉刀，得其報酬，為遊學費。時方為廣州「嶺海報」記者，人以其議論縱橫，謂必不諧於科舉，不願延為替手。余不得已乃仍自試，遂以一九〇二年舉於鄉，（是年尚用八股試士，余素不樂八股，交遊皆知之。又有頗知余已持排滿宗旨者，見余應舉獲售，都不解其故。余曰：「無他，為貧而已。余自有其降志辱身之故，余不效康、梁以應舉之事，諉責以其親也。」按舉於鄉，即中舉人。）一時始有能文之名。次年秋，余遂得為某氏兄弟捉刀，使俱獲售，得金六千餘，而數年謀留學之志願以遂。

遊學日本與退學歸國

一九〇三年，余以學師範至日本，入弘文學院。是時清政府稍復使各省興學校，粵總督陶模招吳稚暉、鈕惕生（按即鈕永建）、董棥堂、陸偉士等至粵，使為計畫一切，從其布置。粵人梁鼎芬乃嗾張之洞劾陶，謂陶招納革命黨，其實祇吳、鈕有志革新耳。余時獨與吳、鈕訂交，尤喜吳之議論。吳、鈕從日本至粵，方慫恿東京高等師範校長嘉納氏為中國人組速成師範班。余苦求不得革命之方略，則以為從教育著手，使學界丕變，為達到目的之唯一法門；更因吳之贊同，遂往東京入同文學校。其年余已娶婦，婦小產，未旬日，余即東渡入校。三月餘，以校中所授課，殊不足副所期望。間與日本所謂在野民黨領袖數人談，亦無所得；由粵偕行之同學，思想平庸，更無可與言者。時黃興、楊度俱在校中；楊以勤學稱，黃未嘗有所表見。留學生全體多不滿意於清廷之政治，傲然以未來之主人翁自居；然思想無統系，行動無組織，保皇黨之餘波，立憲派之濫觴，亦參雜於其間。吳稚暉於留學生總會歡迎會演說，亦僅能為痛詆西太后之言論而已。留學生會館則懸有湖北留學士官之謀武漢革命為張之洞所殺者四人相片，然未有敢公然評論其事實之經過者。余時意志鬱鬱。未幾吳稚暉等以保送私費陸軍學生事，鬧於公使館，公使為蔡鈞，人極胡塗，呼日本警察自衛。日本使警察逮送吳出境，吳自投於河，為擁救不得死。余遂率同學反對清公使，反對日政府，提出條件於日本教育當局，以退學為要求，日本稍緩和其事；而教育當局更誘脅諸言罷學者。余本為廣東同學之領袖，退學之議，又經開會而決定。顧同學多畏禍，則中變而私為悔覺書上於學校。余益憤，遂單獨提出退學書，徑歸國，從之者數人而已。

怪奶奶

林加春／著

就任梧州中學總教習與宣傳革命

既歸，頗有以革命嫌疑中傷余者。陶模方臥病，亦置不問。余遂應廣西梧州中學總教習之聘至梧，銳意講學；更改梧州傳經書院為師範講習所，兼為其所長，日任講義至八九小時；更以其間為學生講民族革命之要，學風驟變。梧之志士黃用甫、陸寵廷等亦起應為同調。英人侯岸得以探礦至梧，一日辱毆梧州中協某之衛兵，中協不敢問，學生則以書迫英領事使屈，侯岸得賠禮謝罪，梧州知府程道源則大驚。適梧州紳士以傳經書院改學校，奪所憑藉，而其所謂官紳合辦之警察，又以不職，為學生指摘，於是連銜訐余於兩廣學務處。其中有云：「胡衍鴻隨時演說，無非革命之莠言，以聖經賢傳為陳言，以平等自由為時務。……傳經書院恭懸聖祖仁皇帝之御墨，該員則率爾毀棄之，其大逆不道如此。……歲時令節，容許學生披洋衣以揖孔孟。又使其妻若妹，與某總理之十餘齡少女偕學生同班聽講，廢跪拜之禮，瀆男女之防，敗俗傷風，莫此為甚。」今日見此等文字，殆無有不捧腹絕倒者，亦可見若輩之齷齪卑鄙矣。以官紳一致反對，余乃辭教職離梧返粵，學生即全體罷學，舉代表十人至粵，爭之於學務處。時岑春煊督粵，為新官僚之一領袖。學務處以學生故，不敢與余為難，轉浼學生哀余復職。學生以必罷去程道源為條件，學務處又不能從，於是學生卒皆退學。其後辛亥之役，廣西從事革命者，多半余當日之學徒也。余知官立學校不易有為，則往香山隆都，為其地方私立學校校長。未逾月，學生毀校地舊有之文昌偶像，諸紳耆噪於校，其阻力不亞於在梧。余因悟於專制淫威之下，無教育之可言，即散布革命種子，其收效亦至微薄。革命應破壞舊有政治之勢力，而重新建設之，自顧尚無政治學識，則無能為役。

再度遊學日本與對梁啟超之批評

適其時粵東派遣學生赴日學習法政，又聞留日學生愈有朝氣，支那亡國紀念會與征俄義勇隊之舉動，雖甚幼稚，然皆為民族思想所表示，余遂決計再留學於日本。瀕行，粵吏有舉前事謂余為危險分子，欲泥其行者。余長兄館於廣州知府陳某家，力為余爭，得竟往，時一九〇四年矣。

速成法政之組織，由梅謙次郎主之，學科設備一切緣於嘉納之師範。校中以翻譯講授，余更稍習日文，即可閱參考書。同學多俊秀，亦非曩日之比。余尤與汪精衛、朱執信、張伯翹、李君佩（按即李文範）、古湘芹（按即古應芬）、陳協之（按即陳融）契洽，與共晨夕，為學問道義之切磋。汪、朱固有民族革命思想，余尚氣敢言，而汪、朱器量之宏遠，心思之精密，皆足以匡余不逮，則交益深。顧彼此極意探求，猶未得革命實行之要領。

是時留日學生約二萬餘人，以其地去中國近，文字易通，以同為亞洲民族，而倒幕府後維新變法，遂臻富強，則多慕之。俄為皇族專制時代，其侵掠中國最甚，義和團之變，進兵東三省，迄不撤退。而李鴻章未死時，猶為聯俄拒日之策，清廷大臣襲用之，日本遂與英國同盟以敵俄。自日本倒幕時，西鄉隆盛已有征俄之議。大久保利通、木戶孝允、伊藤博文諸人稍持重，謂須先理內政，然後可以向外發展。西鄉憤而掛冠歸故里，以有西南之役。然吞併高麗，實日本之素志，甲午之戰，純為爭高麗問題。中國兵敗，高麗號為獨立國，實則轉為日本之附庸。然氣吞亞洲之強俄，其聲勢尚足以壓日本，而使其志不得逞。俄於中日議和之際，聯德、法二國，迫日本吐出遼東半島，日人當時不敢與較，而陰銜之，朝野皆有十年必報之志，內修武事，外結英國。英有其傳統之外交政策，正欲用日以鬥俄，則益為日助。俄燄方張，其君臣又不若日本之智，則不甚注意。日人更大為宣傳，以同種親善為口號，博中國人之好感，普通人視日本敵俄，幾認為純出於仗義執言之美德，則皆直日而曲俄。俄之敗於日本，蓋內外形勢使然也。中國輿論既善日本，而又有地理文字之關係，於是求學者多趨日本。是時日本以其外交手段，亦頗善視中國留學生，留學界乃為空前絕後之盛況，為思想勢力之中心。

吾人須知從來中國所謂輿論非他，祇讀書人之筆與其舌耳。內地方始言興學，無程度之可言，呫嗶科舉之儔，不足以當言時務者之一擊。歐美政治文化與中土太殊絕，輸入不易；且工西文者，其人自童而習之，不能兼治漢學，對於國人殆不能發表其意見。在日本則愈為政治法律社會科學專門之書，即愈為中國人所易讀。基此原因，故惟嚴復以能譯《天演論》、《群己權界》、《群學肄言》、《社會通詮》及《法意》數書，而海內推為「學貫中西」之哲。今日始治社會科學者，當笑其弇陋陳腐，而爾時學界則幾視為鴻寶。而梁啟超輩一踏東瀛，即能裨販日文，張其《清議報》、《新民叢報》之幟，其難易相去如此。嚴復初本治科舉，其為文蓋得力於管世銘，視康有為之剽竊章金牧者略勝。至章炳麟謂嚴文旁皇於八家之庭廡，未免過譽。自拘於其所謂法度者，不能達原書之意，則篡改之。然祇於《社會通詮》妄下己意，張軍國而病言民族，以陰袒保皇派人；其餘譯本，尚無害也。梁啟超能裨販東籍，於是其宣傳勢力乃軼出其師康有為上，於《清議報》最終期，為《康南海傳》有微詞，蓋有使人祧康宗梁之意。梁讀書以剽竊武斷為工，認識淺薄，至不能自完其說，則反覆無常，而自誇為「流質尚變」。在日本嘗一度與中山先生接近，大傾服之，則亦為革命之言論；其《新民叢報》初期「我不破壞人亦破壞」之論調，蓋緣於此。及康有為聞其態度，大怒曰：「卓如亦言革命，將置我於何地？」使黨徒嚴責梁，梁又取消前說。其遊美洲以懼洪門會黨之反對也，則曰：「我名為保皇，其實革命。」既歸，益專言保皇；至謂我遊美洲，而夢俄羅斯也。（夢當時俄皇專制之俄羅斯。）其反覆可笑如斯，知識階級之危險性；可於梁見之。梁為文較嚴復為放縱有膽，且工於八股家開闔取搖曳生姿之術，而雜取漢籍成語與東譯新名為詞藻，其時人不習見，則多以為奇，或加以「文妖」之號，梁亦樂受之。然梁於時竟以其能文，屹然為保皇派之巨鎮，而指揮海內外言論界之一部，不得謂非民族革命之一障礙物也。

初見總理與參加同盟會

其時破保皇而主張革命排滿者，以章炳麟、鄒容、陳天華為最有功。章炳麟《駁康有為書》，使康氏結舌，實影響於知識界有民族思想。鄒容著《革命軍》，更爽直痛快，無有倫比，一時暢行於長江流域，以其書易讀，中下層社會皆歡迎之。陳天華之《警世鐘》、《猛回頭》，亦其次也。惟鄒、章祇言破壞，不言建設，祇為單純的排滿主張，而政治思想殊形薄弱，猶未能征服留學界「半知識階級」之思想也。余與汪、朱既研求政治法律之學，則頗有志於此。其時學生全體內容至為複雜，有純為利祿而來者，有懷抱非常之志願者，有勤勤於學校功課而不願一問外事者（此類以學自然科學者為多），有好為交遊議論而不悅學者（此類以學社會者為多），有迷信日本一切以為中國未來之正鵠者，有不滿意日本而更言歐美之政制文化者。其原來之資格年齡，亦甚參差，有年已四十五十以上者，有才六七歲者，有為貴族富豪之子弟者，有出身貧寒來自田間者，有為祕密會黨之領袖以亡命來者，有已備有官紳之資格來此為仕進之捷徑者（法政學校更有為新進士所設之特班，殆如散館之入翰林院，功令使然）。雜糅以上種種分子，而其政治思想則可大別之為「革命」與「保皇立憲」兩派，而其時猶以傾向「保皇立憲」者為多（立憲保皇相表裡，其名不同，其實一也）。亦有初至日本倡言革命，迨將畢業則亟言保皇或立憲者。故日本留學界雖大有生氣，然此二萬餘人者，乃複雜混亂，無所不有。

一九〇五年，余以暑假與廖仲愷同行返粵，挈婦淑子妹寧媛往留學；仲愷則攜其女夢醒往。途次聞孫先生已至日本，組織革命黨，余與仲愷乃急返東京，至則中國同盟會已成立。蓋先生以一九〇四年冬重至歐洲，揭三民主義，號召同志，首開會於比京，次在柏林，次在巴黎，然後更至日本。東京留學中覺悟分子歡迎先生於富士見樓，復於內田良平私宅開籌備委員會，於坂本金彌別莊開成立大會，即日加盟者數百人，除甘肅無留日學生外，十七省之人皆與焉。入會者必使書誓約，其詞曰：「當天發誓，同心協力，驅除韃虜，恢復中華，創立民國，平均地權，矢信矢忠，有始有卒，如或渝此，任眾處罰！」余既略聞其情，時方與仲愷夫婦同居，乃夜延先生至寓，是為生平第一次得接先生之丰采言論。先生為余等言中國革命之必要，與三民主義之大略，余等皆俯首稱善。先生曰：「皆已決心無疑義耶？」余與仲愷同詞對曰：「革命本素志，民族主義、民權主義俱絲毫無疑義矣；惟平均地權、民生主義，猶有未達之點。」蓋是時法政學校所講授之經濟學，實為資本主義學說，即所得參考書，亦不過至社會改良而止，因舉所疑為問。先生乃更詳析，辨正余等之見解，且言：「中國此時似尚未發生問題，而將來乃為必至之趨向。吾輩為人民之痛苦，而有革命，設革命成功，而猶襲歐美日本之故轍，最大多數人仍受痛苦，非吾人革命之目的也。」余曰：「言至此，則無復疑問矣。」先生復言革命黨之性質作用，黨員對黨之義務與犧牲服從之要求，則俱應曰：「唯。」於是余與仲愷、淑子、寧媛，皆受盟；同居之江譽聰、鄭拜言亦使受盟。（江、鄭皆幼稚，爾時惟為防其洩漏祕密，黨律嚴無敢犯者。）先生縱談革命進行事宜，至於達旦。此為余投身革命黨，從事實行之始。

孫先生為全黨總理，置黨本部於東京，以黃興為庶務部長，其次則宋教仁、張繼諸人也。任余為秘書，掌祕密文件，何天炯為會計，精衛為評議部長，復有執法部，專司糾察黨員；而黨中大事，悉秉承於總理。各省黨員以省分，自舉分部長，內地各設黨部，皆用民主選舉制。余與精衛以職責所在，日與先生親，亦日與各幹部同志計畫革命一切問題。每有會議，先生常聽取眾見，而後以己意折衷處理之。遇非常問題，則先生先發表其主張之要點，使人得涉從之津涯。余等未見先生時，幾疑先生為漢高、明太一流；及親聞先生之議論，與見其處事接物之態度，不涉矜持，而自然崇高博大，乃歎其素養為不可及。先生與人，從不作一寒暄敷衍語，而涉於革命各種問題，則教人不倦，輒忘寢食。人或有疑先生不解中國禮法人情者，余知先生於乙未舉事之前後，實親與名種社會周旋；社會情偽，殆無人如先生知之深者。知之而若是，蓋欲矯正中國社會虛偽之弱點也。故先生對群眾演說，博辨詳明，遇同志質疑，解答之至其人徹悟而後已，而尋常晤對，乃似不能言者。余一日見有日本某名士，攜犬養毅之介紹書求謁。既進則極道其崇拜英雄之意，而語涉諛頌至數十分鐘。先生僅微頷之，其人不能更有言，先生亦默然相對。久之，其人逡巡辭去。余詢先生，先生曰：「余不解其以何目的而來，余又不能偽與為無謂之周旋也。」余等常見先生於藹然可親之中，有凜然難犯之節。余等真正認識革命之意義，實由先生之指導。先生為同志言一問題，必就實際上求其原因結果之關係，必言其所以然，而不僅言其當然。常謂：「解決社會問題，要用事實做基礎，不能專用學理的推論做方法。」人有疑先生為空想家者，實則適得其反，先生蓋真科學的也。先生惟以如是之認識力、批判力，更自強不息，故無時不立於群眾之先頭，而為之領導者，而其沉毅果決，百折不撓之勇氣，亦為其所固有。先生自為醫，於省澳之間，已以能惠恤貧人苦力稱。其第一日語余等，即曰：「革命為大多人之痛苦。」其出發點於此，洵為中國有史以來所未有。上之所述，雖尚不足以盡先生生平之偉大，然余是時常從先生治革命工作，已得若干之印象感想矣。

編輯《民報》及與保皇黨之論戰

先生即提議刊行本黨機關雜誌，停一部分黨所辦之《二十世紀之支那》，而採余之意見，定黨報名為《民報》。黨中推余為編輯，標政綱六條，前三者即民族主義、民權主義、民生主義也，後三者則為對外之手段。（以張繼長於日語，能對日人交涉，故用其名為發行人，張始終未嘗問《民報》編輯事。）先是陳天華以曾作《警世鐘》、《猛回頭》，黨中頗有欲推陳者。及見余在保皇派所開追悼戊戌庚子烈士會之演說，乃大歎服，且自承未深辨保皇立憲派之謬誤，取所為文就正於余，忞聽刪改。所謂追悼戊戌庚子烈士大會者，康、梁之徒用為吸收學界同情之工具，每歲輒舉行之。本黨屬余往，經登壇為演說三小時，舉康、梁保皇之歷史與其謬誤，一一斥之；次及立憲派之萌孽，為同惡於保皇，更言不革命者不宜利用死人而欺騙生人，此種追悼之意義，為吾輩絕對反對。是日聽眾千人，拍掌狂呼，康、梁之徒皆瑟縮不敢置辯，即宣布後此不復開會於東京而散。余旋追錄演稿於《民報》，另印小冊子散布，批評康、梁一切，皆其真象。其中一二祕密，為當時人所不具知者，則余聞於先生；而梁啟超當談革命從先生遊時，自洩於先生者也。余演說稿出，而梁啟超等所著《戊戌政變》等書，遂無價值，學界青年漸以容保皇為恥辱矣。《民報》序文，為先生口授而余筆之。是時先生恒使余與精衛為之執筆。精衛第一次為文，於《民報》題為〈民族的國民〉，從政治觀點指出滿族不能同化於漢人，而為專制宰割漢人之特殊貴族，陷中國於滅亡，國民對之，決無調和之可言。革命排滿，非仇殺報復之事，乃民族根本解決之事，宗旨嚴正，而根據歷史事實，以證其所主張者，至為翔確。師出以律，不為叫囂跳踉之語，異於鄒容之《革命軍》，遂受學界之大歡迎。余為〈排外與國際法〉一文，例舉中國在國際上所受之種種不平等，言國已不國，中國人為求獨立自存，排外不得認為野蠻；而滿洲政府喪權媚外，箝制漢人，故吾人非排滿無以自救。文凡數萬言。蓋其時義和團變後，中國創鉅痛深，清廷既一心事大，社會亦隱忍於列強之壓制，而不敢有言，稍欲申訴不平者，列強即指為義和團之變相復活。余故為此文，以矯正社會心理而促進之，亦民族革命之本意也。爾時列強間瓜分中國之聲不絕，保皇立憲派人常挾此以為恫喝，謂革命即召瓜分，其言足以惑眾。先生乃口授精衛為文駁之，題為〈革命不致召瓜分說〉，言列強惟不能瓜分中國，故維持均勢，滿政府之媚外的外交，任所取攜，如割棄膠州灣、旅順、大連、威海衛之故事，轉足惹起瓜分中國；革命自治己事，外人不能幹涉，其革命獨立結果，乃以弭止瓜分云云。皆當時之重要問題也。

梁啟超初以能為時文，輕視學界，學生之在帝國大學法科與早稻田大學者，又與結納為立憲團（即章宗祥、曹汝霖、陸宗輿等），意氣甚張。留學界間有發表反對保皇之言論，如《浙江潮》、《江蘇》者，梁亦不以為意。及《民報》出，而梁始大蹙，於是為文肆力攻擊，且造謠以詆孫先生。其要點則謂革命必生內亂，必致瓜分；中國不求革命，但求立憲，立憲以滿洲政府開明專制為過渡。民生主義更是為乞丐流氓下流社會計，而破壞中國之秩序；革命黨建民族、民權、民生三幟，適以自殺，不能有成。梁之文蓋足為當時反革命論之代表。余等知非征服此傖，無由使革命思想發展也。精衛乃就革命與立憲之關係，及中國民族之立場，革命之所以為必要諸點，闡明其意義，而反駁梁所主張。駁梁即以為革命之宣傳。余與執信、君佩則解釋民生主義非無病而呻，斥梁拜金慕勢動言士大夫，而不知有平民之可笑。梁始猶不緘服，再三反唇，如是者竟年，為《民報》與《新民叢報》之筆戰，實革命、保皇兩派思想之鬥爭也。革命黨從民眾利益立場，於客觀事實無所隱蔽；保皇黨則反之，其言僅以代表新官僚之利益；兩者相形，已足使人聽取其是非，而為公正之評判。梁於政治經濟之學，猶甚茫然，乃尤其黨徒供給以材料；梁未通東文，祇大膽勦襲，強不知為知，一度交鋒，勝負已見。梁雖戀戰，而其言曰：「張之洞、袁世凱非漢人那？吾視之若寇讎也。今上（指光緒皇帝，名載湉）非滿人耶？吾戴之若帝天也。」其卑鄙既令人肉麻；又曰：「不惜以今日之我，與昨日之我挑戰。」其反覆又令人齒冷。於是交戰結果，為《民報》全勝，梁棄甲曳兵，《新民叢報》停版，保皇之旗，遂不復見於留學界，亦革命史中可紀之戰爭也。（章炳麟由滬獄出，至日本，《民報》已刊行半年，余讓編輯事於章。精衛與余等已足制勝保皇黨有餘，故章未嘗加入論戰。章喜言佛學，其言政治則等於漢人已經斷獄。整理國故，章所優長，而章不善用之；顧其文能摹仿魏晉，故時人多重之。）

對由日退學歸國問題之意見

余既以黨中秘書兼任《民報》撰述，又為留學生總會評議部秘書，幸余精力甚強，於法政學校功課，仍無曠廢，蓋深知修學即為行事之預備，黨未有動員命令，則吾人當兩者兼顧。當一九〇五年冬，日本文部省忽頒取締中國留學生所入學校及寄宿舍之規則，其原因大抵有二：其一、以當時人數過多，有不自整飭其行為者，俾日人有所藉口；日人亦有以販文憑為利之私校，其寄宿舍更不堪言。其二、革命黨之組織成立，清公使館當有所聞，則與日本交涉，日政府乃使文部省為此以敷衍之。留學界聞此則大譁，有逕行歸國者，同志陳天華（星臺）至發憤投海死。同盟會黨員對此，分為兩派意見：宋教仁、胡瑛等主張學生全體退學歸國，謂即可從事革命。余與精衛、執信、伯翹、湘芹、君佩則反對之，以為此事縱出於最惡之動機，吾人自可運動打消之，退學歸國為下策；且本黨新成立黨機關報《民報》，始發刊第二期，若一鬨歸國，無異為根本之搖動，使仇外者快意。至謂相率歸國即行革命，尤屬幼稚之見。惟是時孫先生方離日至美，黃克強則潛入內地，余等不及以黨議決定此問題；且黨中驟受刺激，傾於宋鈍初（按即宋教仁）、胡經武（按即胡瑛）之主張者乃多數。胡經武被舉為學生聯合會長，開學生大會時，兩派辯爭甚烈，不決而散。然各校已次第罷課，余乃與精衛及士官學校同志蔣尊簋、張孝準、江庸、蹇念益、何熽時、陳榥靈等為學生維持會，以諸人方在專門學校以上，將畢業，不願歸國，且能與各大學校長交涉，其實乃同牀異夢也。余與精衛日為文闢主張退學歸國者之非是，而說明學界對此問題所宜取之步驟；江庸等之交涉，亦得相當解決，取締規則遂無形打消，學界以安。方聯合會勢最張時，竟宣布余與精衛之死罪於全體留學生俱樂部，女同志秋瑾尤激烈，范源廉避匿病院，亦為所毆擊。一日，秋偕各省分部部長要約余與精衛談話，二人方在維持會治事，精衛辭不往，余獨見秋等，具言為本黨立場，故吾人當置重革命之利益，其他非所計。秋與諸人皆折服，乃言當在黨中更為一致之決議，庶不致因此而生分裂。余亦甚然其說。閱數日，黨部開各省代表會，余首發言，說明本黨對此問題之關係，不當以尋常學生之意氣而犧牲革命之利益。眾皆唯余言。胡瑛言其本意亦以為革命之發展，今黨議如此，亦無反對；惟以聯合會長之立場，則進退維谷，陳星臺已以鬱鬱投海死，同志何苦相逼無已。將端方奉命來日本，或乞調解其事，則諸方面俱到。余憤然斥之曰：「革命黨員當知以求要挾其同志為可恥，至為個人體面而不願服從黨議，又欲乞憐於滿洲官吏，此皆非革命黨員所應有之意識，吾不料於革命黨由尚聞此種言語。」胡瑛慚窘欲哭。是日遂通過余與精衛之主張，而使胡瑛等解散所謂「聯合會」。余於是役頗察知留學界一般之心理，其青年富有革命性則幼稺粗疏無復條理；其學業將成而自命前輩者，輒畏言革命，且信仰至日本維新立憲而止，遂挾其政治法律之知識，以為干祿之具，純以個人利益為出發點，則借功利強權之說以自文。幸其不能當吾黨之一擊，故大多數青年不為所欺。然若輩方沾沾自喜。蹇念益嘗從容說精衛，謂革命不適於生存。金邦平於支那亡國紀念會時最激昂，以章宗祥之苦勸而改，自比於章。精衛亦方利用蹇為學生維持會交涉，祇答以士各有志，不能強同，且詢其何不以此為余道？蹇謂余閱世比較深，不易轉移。精衛他日以告余，且曰：「蹇輩殆以為未諳世故者易欺也。」同在維持會時，楊度已以畏學生詬罵，避匿他處，忽有書來，且附梁啟超書，隱然有利用維持會之意。余與精衛見之，大怒，精衛擲書於地，蹇等急取書焚之，且復書言維持會不能涉黨派事，戒梁、楊後勿爾。蹇等自是亦知余與精衛俱不易與矣。入同盟會以來，余與精衛共事至多，相親逾於骨肉。

使用青天白日旗之決定

《民報》既刊行一年，革命思想充滿學界，且輸灌於內地，清廷至懸金十萬以購余與精衛之首。（余助先生，於黨中工作祕密不洩；惟《民報》作者則易為人知，余等所謂漢民、精衛，衹臨文之別號，《民報》名行，原名反隱。）內地軍隊會黨之運動，亦日起有功。余乃開《民報》一週年紀念會於東京「孫先生蒞場演說，聽者萬餘人，歡聲震天地。先生更為革命方略，以授黨人，大旨分為軍政時期、訓政時期、憲政時期。軍政時期用軍法打倒異族專制政府，掃除官僚腐敗，與一切革命障礙物。訓政時期則實行約法，引進地方之自治，為由軍政至憲政之過渡。至憲政時期，乃實施五權憲法（五權憲法，亦為先生之創作）。其先後施行順序，且有精義。此具體之方案，惟先生能創之；傾覆滿洲，實衹為先生半部方略之作用，亦正恨吾人不全依先生之方略，以致不能收其成功耳。清廷於時方欲假立憲以緩和人心，乃派載澤、端方、紹英、戴鴻慈、李盛鐸五大臣出洋考察，以為仿日本維新故事。本黨黨員吳孟俠（按即吳樾）持炸彈炸之於火車，雖未達目的而身死，然清廷愈懾於革命黨。其年復有萍鄉醴陵之役，同盟會會員先後殉義者十餘人。清廷知先生實為革命主謀，乃力與日本交涉，放逐先生。黃克強故與蔡松坡、郭人漳善，嘗謀舉兵桂林，不成；郭調廣東，趙伯先同志亦以新軍標統調廣東。於是先生與克強皆決定離日本，使精衛起草為革命黨討滿洲政府文，傳檄海內。先生併令余與精衛隨行。余與精衛已畢業法政速成科，入其專門部，且已為清廷購緝，故不能與執信、湘芹等歸。余與精衛在黨中，常避領袖之名，而任事則無所擇。先生不在本部，常以庶務部長代行總理事。克強行，則孫少侯（按即孫毓筠）、匡一等更代之。至是余將隨先生行，乃辭本部秘書。從前黨員之盟書皆藏余所，則移交何曉柳（天炯）。時余妻淑子生一女，不（按不字恐有誤）育才三日，余以先生命，語淑子，亦不以為難。蓋天涯夫婿，已成慣例。淑子與寧媛在日本，且常助余保藏黨中祕密文件，已瞭解黨人之生活矣。此為余第一次與先生同行。精衛則與克強先二日出發。

瀕行，議定革命軍旗國旗。先生力主青天白日之徽幟；克強欲用井字徽幟，謂以井田為社會主義之象徵。先生謂既不美術，又嫌有復古思想。黨眾悉從先生。克強爭之不能得，則意頗怏怏。余既與克強分道行，克強猶有書致余，謂：「名不必自我成，功不必自我立，其次亦功成而不居；先生何定須執著第一次起義之旗？然余今為黨與大局，已勉強從先生意耳。」余當時乃祇求革命，對於嘗有為之流血之革命旗，則贊成用之；惟成功不居之說，則余與精衛俱覺克強持義頗高，此意不因所爭而廢，蓋余輩於時猶有書生之見也。因余與精衛力為克強解譬，克強後此亦不復言。

隨總理赴南洋與親歷鎮南關之役

余從先生往星加坡，繞西貢而至河內，余變姓名為陳同，賃屋從先生居。過西貢，王和順復隨行。日本同志池亨吉從香港為先生英文書記。河內因有同盟會分部，華僑同志數百人，其地界居兩廣雲南，故會黨遊勇之頭目，多流寓於此，王和順之外，黃明堂、梁蘭甫、關仁甫、梁少庭等，皆出入邊界，有聲名，能嘯聚者也。而李福林亦於其時走河內。河內同志以先生字逸仙為日新樓，為飲食營業，乃不啻招納亡命之所。河內與海防華僑，多數贊成革命，尤以甄吉亭兄弟、黃隆生、楊壽彭、曾克齊、張奐池等為熱心奔走。河內有巴維學堂，法人為中國學生設者，其學生亦多傾向革命，蓋此安南東京之同盟會分部，乃集合有智識階級、小資產階級、工人無產階級、流氓無產階級之各種分子。余初對之，亦茫然不知所可，先生乃使余與精衛時時為諸人演講革命宗旨，指導其各種任務。對於會黨，則曉以革命軍軍紀，糾正其惡習，復審查其性質，與所有實力，而分別使用之。遇有困難問題，先生更直接當其衝。

一九〇七年五月，徐錫麟殺安徽巡撫恩銘，以舉事不克，死之。秋瑾同志以預謀，亦遇害。女同志之為革命流血者，以秋瑾為首。自是以後，同盟會女黨員頗有繼踵而起之志。

自先生至河內以後，有黃岡之役、惠州之役、防城之役、鎮南關之役、欽廉之役、河口之役，皆直接受先生命令而發難者也。其事之本末大略，見先生自著《孫文學說》第八章〈有志竟成〉。黃岡、惠州之役，余從河內至香港，參與發動。計畫既敗，乃復至河內，而精衛則奉命至南洋，籌募軍資。鎮南關之役，黃明堂已襲奪要塞，余隨先生登砲臺，實中宵從間道進，山嶺崎嶇，仰攀殊苦。余是日因胃病，空腹上道，跋涉六小時，亦衹汗出微喘。乃至山頂，距砲臺百數十步，眾小憩，余忽覺冷風吹面，目遽眩暈，仆於地。先生就地使余平臥，徐徐起余足，余即甦醒張目，謂眾宜速行，毋留視我，且誤事。先生乃使余從弟毅生挾余入砲臺下之小屋，取巨褥蓋全身。余少臥，天已明，始登砲臺，從先生呼同行之法國某砲兵大尉起（此人方吸鴉片煙），偕視砲兵，發巨砲以擊敵人。臺中巨砲已失表尺，試發凡六七，始中敵陣地，遠見敵兵四散。惟尚有一砲臺，為我軍所未佔領，其臺更高，且迫進敵兵，恃險則以步槍向我砲位肆擊。幸我軍無大傷害，衹一砲兵去其指，又一兵則以縱身瞭望，彈中肺部，先生親為紮縛其創處。先生微語余等謂，此人恐不活，即使人舁之下山。此為余在革命軍中參與實戰之第一次。先生亦云：「反對清政府二十餘年，此日始得親發砲擊清軍耳。」既而黃明堂勸請先生下山，為籌餉械接濟。余等料量黃部實力，不足進取，則然其說。翌日薄暮，乃共由砲臺下臺之蹬道，為火線最密處，余等則間續趨下。同行者克強、毅生、盧伯琅、張翼樞、日人池亨吉、法國某大尉，皆無傷。復取歸途，乃雨後傾滑，各人皆顛頓十數次（多者竟數十次）。入越南界，先生容貌為法警察所識，據以報告法政府，遂不許先生居留越南地。其後先生在星加坡嘗詢余鎮南關之戰何如？余曰：「雖無成功，吾人乃得實戰之經驗，總覺甚有意趣；惟往復於狹仄之山徑，設有敵伏，當無幸免；先生為黨領袖，究嫌輕身。」先生曰：「然則子爾時何恃而不恐？子於同行中，最為文弱，且力疾而勇進，又何也？」余曰：「黨於黨員，實有其犧牲獻身之要求，吾人既矢志革命，所謂知死必勇，更不願於其時提出顧慮，致他人搖動。」先生謂：「此意自不差。然余則確知敵人新失要塞，決不能於此處設伏，故不事搜索而前進耳。」後先生又謂余已知將兵之道。余請其旨。先生曰：「當戰爭時，為將者能屹立於戰線最危之點，則眾心自定。」法國報紙載此次戰役，謂革命軍有大將與小卒，而無偏裨幹部，亦紀實也。

策應河口起義

先生既往星加坡，克強旋率梁少庭等入欽廉，余獨留河內，為之策應。既又承先生方略，使黃明堂襲取雲南河口。是役先有布置，明堂亦經訓練，行動頗有紀律，市廛不驚，法報紙乃極力揄揚，謂為中國在二十世紀之革命戰，為法國從前所不及。先生亦自星加坡以電獎余有成功。然余剖析其內容，乃覆電先生，謂就其素質與動機，恐無甚奢之希望。因此次以河口變軍為主力，此軍除實未受革黨主義之陶鎔，其變而來歸，雖受黨人運動，但祇因其乏餉與內部之不安而煽動之，其軍官向來腐敗，尤難立變其素質，而使之勇猛進行。今為補救之法，惟有速令克強出統其軍，更使知軍事之同志，助之指揮，庶可進戰。先生來電如所請。其時克強已轉戰至上思，我軍佔河口十餘日，克強始至軍。既至，則悉如余所料，降軍共五營，悉怯戰，又不甚服從黃明堂。原部則力太弱。克強乃思從河內購利械，以同志組敢死軍以劫之，先使人以書告余。余已為籌備，克強遽從河口乘火車至河內，就余商榷一切。余見克強，詫其輕離軍次。克強謂急欲得當以往耳。住一日，克強即復乘車行，及將過老開，法警至車次，詢其姓名，克強操粵語答之，而發音不類。是時法人在安南最防日本，初見克強狀貌，已疑為日人，則已躡其行踪；聆其語音，益信，遂扣留克強。余急使粵僑同志楊壽彭等與交涉（楊為粵僑會館幫長），始釋自由。然謂其從革命軍出，不能復經法鐵道往，應使出境，鐵道至老開，遂戒嚴撿查。余雖購定軍械，不能輸送，克強所定計畫盡失敗，河口之軍心益離。更守十餘日，乃悉散走，且有竄入越南境，而以其槍彈暗資安南革命黨者，余於理於勢，皆不能禁。法人於是大忌中國革命黨，使警察四出逮余，將逐出境。蓋在安南之法國社會黨人，先常力為余等助，故其輿論甚佳，政府守善意的中立。吾黨屢次密購軍械，皆不禁；播嘉公司以私售軍械，曾為人揭發有據，乃僅罰該公司千元而罷。克強率梁少庭等入欽廉，直以白晝吹號過其汎地，其司兵者特密函告余，怪革命軍鹵莽而已。總警察長嘗語楊壽彭，謂甄璧輒於鋪面造革命軍旗軍服，豈不惹警察注目。此等事當使為高級官者有伸縮餘地。此皆河口以前之事。及洵口敗退，事涉安南革命問題，社會黨人不敢有言；而政府官場一切，盡反以前所為矣。當始佔河口時，滇越鐵路公司及安南銀行皆來言，若我軍至蒙自，則如何如何相助，勿愁無軍費，既形勢不進，當然不成問題。余亦付之一笑。余此時之任務，乃在收束殘敗之局。黨員之因此被拘者，必須營救之；即諸散卒無所歸者，亦必設法資遣。余決不能為法警所偵獲，使一切無人負責，乃先遣家人行，隻身匿居黃隆生洋服店樓上，兩月不下樓，使幹練可靠之黨員，為余奔走料理。至各事俱就緒，余始微服出口，並假裝船中侍役，搭某輪往港。越南例，中國人出入口，必須護照。余以陳同偽名，住居已年餘，法人已認陳同為中國革命黨領袖，為河口事件主動之人。護照須有相片，余更不能一露本來面目。幸某輪買辦亦黨員，故余得安然無事而行。此數月經過之煩悶，乃為餘生平所未遇。余向不吸紙煙，既屏居，不常與人通，又局蹐小樓，寢食於斯，兩月餘有如監獄，祇能以紙煙消遣，由此年始，至今不能戒。

黃岡起義之經過

黃岡等事件之經過，亦有當補述者。黃岡之舉動，為潮人余紀成，而許雪秋以同鄉豪紳資格，余紀成乃願聽其指揮。許雪秋者，一浮浪子弟，其為人頗與郭人漳類，跅弛敢大言，既以豪縱傾其家，而結納亡命，遂有異志。走南洋，華僑同志頗稱之。許因入黨，而請任潮州革命軍事顧問，實膽怯畏死；又居余紀成為奇貨，而阻其與余等通。黃岡起事前後，許之報告，俱不實，余時時切責之。余時黨中竭力購得日械千餘，以某公司船密運至汕尾，使許與余紀成部接收之，併資為他部之接濟。余為具體方案，使許執行，許承諾擔任。余使先期十日往預備，且如其所要求者，給以費用。及某公司船至，則駁艇伕役一切俱無；乃云方始著手。來船候之三日，許仍旁皇無措。適清兵艦過，某公司船乃駛避至香港口岸，事遂敗。許輒往河內見先生與精衛自陳，而欲卸責於余。精衛以電詰問，余乃以當時計畫布置之詳情，及許妄言無實不負責任之種種，具為報告書，凡萬餘言；且謂：「余向來做事，不顧尋常千萬人之誣謗，惟憂二三知我者之不諒。許不足道，兄乃見疑，實非所料。」精衛答書，言：「同時已得各種種報告，知許言皆誣，前亦非有所疑，特欲急得來書，以斥其謬耳。弟知人之明，素不如兄，故同志間謂兄精明，而弟長厚。弟不願以長厚者入於糊塗鄉愿，亦企兄不以精明者流於刻薄寡恩。」余甚感精衛之忠告，時時引為弦韋之佩。爾時精衛察言觀人，或不如我；而處事條理周密，我不如也。我露鋒芒，而精衛蘊藉，故時人有精明長厚之評，即余原書亦殊有語病；惟對於局外反對者，可如是觀耳。時時作一意孤行之想，不且與群眾隔離耶？然爾時先生與精衛俱不以余言為謬也。防城之役，發機於農民之抗捐，事連欽廉兩屬，各團皆起，與清兵搏，而革命軍應之，事理至順，先生之策劃亦甚周。而趙聲、郭人漳二人，皆握重兵，乃躊躇相顧，莫敢先發。郭尤瞻顧，見革命軍勢力尚薄，則不願以所部反正為援，故事之失敗，東京本部同志破壞武器購運之計畫者，當首任其過。蓋是時先生與精衛在河內，克強入郭人漳軍中，余在港策應潮惠一方面事，宋教仁、章炳麟等居東京，左右本部同志。章、宋毫無軍事知識，而予志自雄，以為所購槍為村田式，非最新武器，孫、黃輕舉，事必無成，徒多犧牲，遂陰為阻撓。殊不知爾時兩廣軍隊，除趙、郭所部及他一二部分外，其所用武器，乃悉窳敗，不如村田，又不知先生尚有其他計畫，非祇靠此千餘村田戰勝全國；而持此迂謬之見，輒搖惑同志以違反黨魁之命令，破壞革命軍之大計，良可痛恨。余馳書本部同志力責之，且言當執行黨中紀律。旋由林時塽同志等返東京，禁制章、宋，使以後不得侵與黨中軍事問題；惟未予以嚴重之懲罰，亦爾時之疏也。先生嘗曰：吾不患遇了無所知之群眾，而最患遇一知半解之黨人，蓋指此等事言。

對楊度與劉光漢之批評

是時東京同志多已入內地，為革命實際之進行，革命思想亦漸瀰漫於國內，故東京本部亦不如以前之重要，其重心已移於香港、南洋。先生在南洋，余與精衛則往來香港、南洋間，以其易於策應也。梁啟超之《新民叢報》停刊後，楊度為《中國新報》，亦為反革命之論調，實則祖述嚴復所譯甄克思之《社會通詮》所標榜之軍國主義，以反對民族主義也。楊自稱為金鐵主義，合鐵血與金錢企起垂死之中國，而謂滿洲民族數千年前亦與漢族同源，不必妄生分別，中國人民惟宜擁戴之，求得君主立憲，即可勵精圖治。黨人劉光漢適在東京，乃著論駁之，詳考滿族之起源，如數家珍。劉素長掌故考據之學，文亦雅潔，余與精衛甚傾賞之，楊度更不能反駁。時楊方運動歸國，謀入憲政編查館，其為《中國新報》，自有目的，乃為滿洲辯護，論據薄弱，在曲學阿世之徒，殊不計此。論其根本，則精衛《民族的國民》，已成定論。民族革命，乃推倒以貴族專制之階級，而使被壓迫民族得其解放，縱使皇皇華冑，漢滿一家，清政府亦無存在之餘地。楊度輩嚮壁虛造，祇屬徒勞。然則光漢文出，遂無復言漢滿同源以惑眾者。劉是時實為革命派好學者。其後乃因劉婦慕虛榮，生活奢侈，挾劉變節，受端方金錢之餌，為作清客，生活環境足以致人墮落如此者。當時黨中知識階級分子內犯此病不止劉一人，余常舉以戒青年同志。

在南洋對保皇黨之鬥爭

先生既在星加坡，余收束河口事件後，亦即由香港至星加坡。精衛是時已遍經安南、暹羅及英荷各屬地。佔領河口時，精衛方入八達維，募軍費，初欲得鉅款；既則不如所期。精衛見余，即及此事。余謂安南華僑資助甚力，河口失敗，絕不能以軍費不給為解，其初已呈弱點；及克強被逐出境後，該軍更無勇氣前進，縱得多金，亦無益於事矣。余因與先生計畫後此進行方略。余以所經驗者證明會黨首領之難用，與其眾之烏合不足恃，謂當注全力於正式軍隊。先生曰：「會黨性質我固知之，其戰鬥自不如正式軍隊；然軍隊中人輒患持重，故不能不以會黨發難，諸役雖無成，然影響已不細。今後軍隊必能繼起，吾人對於革命之一切失敗，皆一切成功之種子也。」余曰：「先生所言，不啻革命之哲理，黨人自應有必收最後勝利之確信。余察軍隊中標統（團長）以上官，往往持重，其部隊未有革命之思想，則更無怪其然；軍隊運動，宜加注重於連排長以下。」先生深以為然，於是密下數員之負有任務者；而先生使余與精衛仍不廢宣傳工作。精衛著有《外交問題》，余著有《立憲問題》，皆由先生口授意義。兩書編印為極小本，各數萬，散布於各地，以其時清廷已宣布預備立憲，其欽定憲法已頒布，同時海內外尚有不明瞭國際情形者，保皇立憲派人耳到處煽惑華僑，阻其贊成革命。保皇黨之至南洋也，在革命黨之先，康有為、徐勤俱以雄辯稱，有資產之華僑尤信之。華僑初以受所在地政府之虐待，企有所保護，咸有祖國之念。清廷使人以募款賑災為名，持翎頂虛銜三代誥封之官照，誘華僑以出資，既為慈善，又得虛榮，華僑每好之。及康有為至，則名載湉帝師，具偽稱奉有衣帶血詔，謂「有從吾遊者，吾能官之」。華僑富於虛榮心，鄉人從內地來，苟為進士舉人，輒可以所書之扇麵條幅，博其酬贈，而況於康。蓋華僑於種族問題、政治思想，皆茫然無知，清廷教以捐納則捐納，康黨教以保皇更保皇矣，如是者可數年。先生往歐洲，嘗數經南洋，華僑聞先生言論，乃稍稍覺悟。同盟會成立，鄧澤如、吳世榮、陸秋露、陳楚楠、張永福、鄭螺生、李源水等，則次第於星加坡、庇能、壩羅、吉隆坡等埠，成立支分部，而保皇派之勢力，尚未衰也。

是年先生乃使同志刊行《中興報》，以與保皇機關報之《南洋總匯報》對壘，革命保皇之論戰，幾若在日本之所為。然敵人較梁啟超脆弱已甚，余與精衛祇以餘事應之，惟行文須至淺顯，俾一般華僑認識耳。保皇派在星洲不敵，則急由美洲請徐勤至。徐亦庸陋，非勁敵，稿數續，不能終篇，託他故去。保皇軍既墨，華僑乃漸趨於革命旗幟之下。余前此未嘗聞精衛演說，在星洲始知其有演說天才，出詞氣動容貌，聽者任其擒縱，余二十年未見有工演說過於精衛者。余亦時至吉隆坡、壩羅、麻六甲、芙蓉、庇能、仰光、日厘、坤甸，為各分部機關演講。至仰光時，適呂天民、居覺生為《光華報》主筆。又從先生至暹羅，則陳景華方助蕭佛成辦《華暹日報》。到暹不旬日，清政府嗾暹羅逐先生出境。時暹羅警察總督為英人，先生面斥不應為無禮於中華民族之舉動；其民部大臣相見，亦以是責之；皆不能答。惟言暹羅為小國，祇能詢他政府之請求而已。

勸汪兆銘勿行暗殺

先生由暹羅返星加坡，未幾復被當地政府驅逐，先生乃往歐洲，而使余返香港，密與黃克強、趙伯先（聲）、倪映典等謀廣州事。精衛則先數月以整理本部及《民報》事，往日本東京。精衛自河口失敗後，遂有行個人暗殺之決心，余屢規止之。及往日本，余為長函，力言暗殺之無濟，與吾輩所宜致力於革命事業者。精衛亦為長函報余，略謂：「生平察事，自信不如兄；惟此事則如旋螺，弟已計到最末之點，更無疑義。兄主張軍事行動，無大款何以能舉？海外奔走，為效甚微，不有劇烈舉動，何以振起人心？弟又不長於軍事，既決志犧牲，只有惟所自擇。」余再三致書阻之，以為各省運動軍隊，俱有成績，滿清終必覆亡，此時殺一虜首，失一精衛，等於以鼠首為殉；且不應棄所長，而用所短。精衛答書，惟言所志已決，他不置辯。既而偕黎仲實、陳璧君復來港，乃不甚願談此問題；固與之言，亦祇漫應，而陰擇地試驗炸裂藥，復密約他同志為之探偵。初欲入粵殺李準，港同志俱以為危。精衛亦知余等將有軍事行動，不欲以此惹起敵人戒備，則與仲實、璧君、喻培倫、黃樹中、方君瑛、曾醒等入長江，欲殺端方，而行程與相左。乃變計俱入京，謀刺清攝政王載灃。余得其瀕行入京手書，僅八字，以指血寫之，文云：「我今為薪，兄當為釜。」蓋精衛於第二十五期《民報》有〈論革命之道德〉一文，謂「革命黨人只有二途，或為薪，或為釜。薪投於爨火，光熊然，俄頃灰燼；而釜則儘受煎熬，其苦愈甚；二者作用不同，其成飯以供眾生之飽食則一。」其血書即約舉此義也。余懷此書數年，及辛亥光復廣州後，石錦泉部闖入水師公所，余倉卒中乃失此書，以重金購求，不復可得，余甚恨之。余等既不能奪精衛之志，惟有極力進行軍事，余尤冀廣州事成，精衛或可不死。

任南方支部部長與策劃廣州新軍起義之經過

時先生已任余為南方支部長，支部費用，由港同志負擔，林直勉、李海雲則傾其家以為助；余更使同志分至南洋荷屬籌款，而囑鄧澤如在英屬綜募軍資。其時克強已由日本到港，趙伯先為清督撫所猜忌，去軍職至港。伯先軍事學甚優，且有經驗，天資豪邁，能為詩文。其為陸軍學校監督及將新軍，輒以民族大義鼓勵學生士兵，俱悅服之，亦以此為清吏所惡。江南、廣東兩省軍界革命種子，大半伯先所培植也。余與克強、伯先在港規劃一切，省中新軍運動，則以倪炳章（映典）為總主任。炳章幹才，不亞於伯先，而刻苦耐勞，則且過之。一九〇七年冬，以兵與熊成基舉義於安慶，不克，變名字，走南方，欲至河口革命軍，而河口不守，乃入廣東，因伯先，得為新軍排長，既長於煽動，又精力殊絕。其運動新軍，乃進步至速，數月已與本團之連排長結納。事為某協統（旅長）所偵知，褫其職。炳章乃更為祕密機關，與軍中同志分組行事，展轉運動，至一九〇九年冬（己酉），士兵加盟入同盟會者三千餘人。時廣東全省軍隊萬餘，惟新軍有訓練，器械精良，得新軍則他軍無難制馭。余與伯先、克強尚虞其不足，復使姚雨平、張醁村等運動巡防營之在省會附近者；又使執信、毅生聯絡番禺、南海、順德之民軍為響應。是年鄒海濱、陳炯明始以執信之介紹，至南方支部；鄒、陳皆廣西法政學堂學生，執信、君佩等自東京畢業歸，即為此校教授，故鄒、陳受盟為同志。陳方為廣東諮議局議員，好言事，頗有聲譽，克強尤喜引與計事。

至舊曆臘月中，倪炳章等至港報告成績，於是決定於正月元宵前後發動（本擬只除夕舉事，炳章言舊歷年關商人停止貿易，則供給不便，遂改定十五前後），使各部分主任依期為準備。炳章等皆返省，新軍二標兵士於舊曆廿八日忽因刻印名片事，與警察衝突，風潮驟擴大，炳章不及制止，青年軍人實躁急，且有主張乘機發動者。炳章急至香港，以其情告，且曰：「此所謂小不忍則亂大謀，余料新軍運動已成熟，經此事故，勿論如何，殆難抑制，應提前改期，勿待元宵。」余與克強、伯先審議久之，遂改初六，即時通知各部分同志之有職責者。復與炳章計畫臨時部署，及發動後一切進行事宜，以炳章、克強分統新軍巡防營，為出江西、湖南兩路之準備，以伯先留守廣東，推余莞民政、財政，約余與伯先、克強初六上省。炳章於議事時，神氣雍容，至徹曉不倦。

次晨以遇舊曆元旦，港輪不開，翌晚炳章始得行。既至省，則新軍反形已露，張鳴岐、李準已嚴為戒備，協統張哲培等密收士兵子彈，而八旗兵運砲登城，李準更只所部精銳趨牛王廟。新軍在燕塘。牛王廟，由燕塘至省城之要隘也。炳章登陸，即入諮議局，不見同志，取手槍二枝懷之，突入新軍營壘，遇營長（管帶）齊某，素反對革命者，炳章偽與賀年，即以手槍殺之，遂吹號集諸軍士。時眾方擾攘，不知所措，見炳章，則大喜。炳章即為演陳大義，及所處情勢，計惟即舉義旗，否且俱死。眾然之，遂推炳章為司令，搜各團部子彈，僅得萬餘。眾以為炳章所鼓勵，無退怯志，遂從炳章進，欲襲攻省城。將至牛王廟，李準所部營長李某等三人遮道，欲勸止新軍進行。炳章見之，識其皆為同盟會會員，即切責之曰：「君等非革命黨黨員耶？革命軍已起義，當即來附，毋躊躇！」李等則唯唯，謂某等初以為兵變耳，不知公已有部署，今在牛王廟者實某等新部，當聽令惟謹。張哲培雖在，無能為，請為公前導，遂躍馬去。新軍將士有欲捕獲李等三人者，炳章不可，而身自執帥旗，騎馬率眾前進。敵已有備，始抵山坡，砲與機關槍齊發，炳章中槍落馬死，前鋒死者多人，眾悉潰。是役失敗，非戰之罪，炳章失策，惟在於事急時至港，致無主持之人。及敵已嚴備，我軍復被紿繳子彈，則勢已無可為矣。然炳章之勇，實不可及，倉猝遇變，形勢都非，猶能以大義感人，使之趨死不避，即其平日可見。初炳章弱冠在學校時，不悅學，而行又不羈，同學頗輕之。及與熊成基等同志遊，乃大改悔，折節勵行，前後如兩人。伯先才望，自顧素在炳章上，後乃詫其進德之猛。炳章死，伯先輓之云：「生平幾個言能踐？死後方知君不多！」蓋亦自歎為不及矣。是役除死事者外，其素為黨人入軍中運動之幹部，大率亡命香港、南洋，乃分別設法為收容之。時孫眉先生（先生之兄）、鄧三各佃有墾地於九龍，遂就其地為耕作。事粗定，余乃與伯先、克強往南洋，為籌款善後，且謀再舉。

設法營救汪兆銘

至星洲數日，遽得港電，言精衛、黃理君（按即黃復生）謀刺載灃事，被發覺，俱遇捕。余曰：「精衛死矣！」與伯先、克強俱流涕太息。又數日，得電則云：「方嚴訊，未遽置刑辟。」余以為精衛終無幸，伯先慰余曰：「精衛已殺身成仁矣，是舉聞於天下人，且將有長厚者亦復為之感，是死一精衛，更將有百十精衛為繼起，何苦戚戚如是？」余固韙其言，然痛心良友沮喪，至不能自解。既而余入庇能，璧君、仲實亦至，乃知精衛與理君俱未死，而同下獄，為永遠監禁之刑。時伯先見在星洲籌款無效，一再與華僑同志張永福等晤對，亟厭之，謂此事非所長，遂返香港。克強亦返東京。余既見璧君、仲實，則屏去他事，日以營救精衛為第一任務。某夜召集庇能分部開會於璧君家園，余為此事提議，企眾贊助，眾頗冷漠。余廢然退，就寢，乃恍惚夢精衛已被清廷宣告死刑，乃大哭。哭聲驚鄰室，仲實、璧君皆起，黃金慶、陳新政等詢知故，自省其涼薄之非是也，慚怍引去。余復與衛五姑（璧君之母）、仲實、璧君、吳世榮出星加坡，乃稍稍有資助者。衛五姑更罄其私蓄，仲實、璧君遂先返香港，派人北行探視；余與鄧澤如在星洲，尚續有所籌。一日，共往訪僑商盧某，盧蓋新售出樹膠園、得資三十餘萬者。顧縷談半日，盧極首肯，且言當盡其黨員一份之義務，取澤如所持捐冊入他室填寫。及余等將出門，始交還，謂已竭棉薄。澤如視之，則為某某捐二十大元數字。澤如恚甚，欲還責之。余反慰澤如，謂余輩自誤，自始即不應認此輩為同志也。南洋大資本家如陸佑、黃仲涵等，憑藉帝國主義，多方剝削工人以致富，其人自然惡言祖國，不知革命為何物。即其未至黃、陸地位，而欣羨崇拜其人不置，則亦如之。華僑固多念祖國，因而富於革命性，然非所望於此輩也。余當時不識馬克思唯物史觀，然已經驗所得，則由物質生活而決定其意志者居大多數，有因生活太困而變節者，亦有因生活漸豐而變節者。大霹靂之余東純更謂澤如曰：「我非不知革命之合理，然我今非昔比，有百萬以上之營業，何能效君等所為？」可以為此輩一般心理之代表，實不止華僑為然也。

未幾，余亦返港。時璧君、仲實、喻培倫、李佩書等賃屋於九龍城外，余亦時就其地密與商救精衛事。余欲一入京視察情事，璧君、仲實俱力阻，謂不特無益，且將為他同行者之累。此數月內，余思慮晦塞，為從來所未有。璧君偶言：「無鉅金則所事更難，近來籌措無術，聞人有以博勝致富者，我等盍不為孤注一擲，為精衛兄，當亦無所惜。」余大然其說，即偕璧君、佩書往澳門博場。時璧君剪髮作男子裝，偽與佩書為少年夫婦，以所攜百金作孤注一擲，不中，踉蹌俱返，真所謂愚不可及矣。璧君、仲實等旋入京，余送其行，執手言別，余誦葉清臣賀聖朝詞云：「不知來歲牡丹時，再相逢何處？」則皆泣下。

籌劃辛亥三月二十九廣州起義

仲實等行後，余內自訟，覺黨人當自求犧牲獻身之路。孫先生嘗云：「惟積極始有善惡可言，消極則有惡而無善；余對於革命職責，斷不容憂傷憔悴以死，余惟繼續奮鬥耳。」適孫先生由三藩市取道檀香山、日本過港（按是年總理未嘗過香港，而係在庇能），約余與伯先、克強等往商再舉計畫。先生一見余，即曰：「我知子等謀營救精衛，我意再起革命軍，即所以救精衛也。夫謀殺太上皇而可以減死，在中國歷史亦無前例；況於滿洲？其置精衛不殺，蓋已為革命黨之氣所懾矣。子亦嘗料滿洲必覆，則何不勸仲實、璧君諸人，集中致力於革命軍事，而聽其入京作無益之舉，中於感情，而失卻辨理力，我不意子亦如是也。」余自承初實瞀亂，最近所見已不然，且能振奮如故。先生乃不復言。既會議，克強等亦因新敗，且困乏，相顧有憂色。先生更舉其生平歷遇挫敗未嘗稍餒之狀，以激勵之。（蓋余從先生久，每遇失敗或至拂意之事，為他人所難堪者，先生常處之泰然。其視革命為當然不斷之進化，且時綜其全體，以為衡量，故以為只有成功，而無所謂失敗，其樂觀由深切之認識而來。余等每有乞靈於詩詞小說之時，以為消遣；先生則正於其時取專門研究之巨著而細讀之。精衛亦謂生平未嘗見第二人能如此也。）先生又言：「國內革命風潮已日盛，華僑之思想已開，吾輩有計畫，有勇氣，則事無不成。」伯先乃言：「果圖再舉，當恢復內外機關，且指揮各省同志，分任進行，如是種種，實需鉅宗款項。」先生然之，即集當地同志，勗以大義，一夕醵資八千。更遣同志分行勸募於各埠，數日之內，已達五六萬元。

於是余與伯先、克強歸，復設統籌部，推伯先為總指揮，而克強副之，余則為統籌部秘書長。懲於既往屢次之失敗，共以為必有武裝同志數百人，為之主動。蓋自正月事變後，新軍重行召集，黨人雖仍參入其中，而警戒至嚴，且不給以子彈，徒手暴動，咄嗟為人所乘；巡防營與附近民軍，則祇可使為響應，故當首先發難時，須另有主幹部隊。伯先定其名為「選鋒」，由伯先、克強、林時塽、熊克武、何天炯、姚雨平、陳炯明、張醁村、徐維揚、劉古香等分任召集，而以同志中之敢死善戰者為合選，計四百餘人。執信、毅生仍任民軍響應事，新軍則由雨平與伯先舊部繼續進行。其時本部重要同志悉來港，會議結果，分為兩種任務：一就統籌部分科辦事；一於長江上下游謀發動應援；陳英士、宋鈍初、譚石屏（按即譚人鳳）、居覺生等皆受約束而行。密輸武器與布置機關，乃為事前之重要任務；運輸之事，以毅生、仲實筦之；運至省城，則以女同志任祕密配送之責，淑子、寧媛與徐宗漢等日為此奔走。又設製造彈機關於城內二處，喻培倫與李應生兄弟分任之。克強以伯先與余俱為粵人所熟稔之面目，乃請先入部署一切，因決議於伯先未到時，由克強代行總司令職權，時為一九一一年四月（舊曆辛亥三月）。是月月初，準備將完好，黨員溫生才突於初十刺殺廣州滿將軍孚琦，其事至壯烈，然省港黨部俱不預知，則此成仁取義之舉動，轉為革命軍發動之妨礙；蓋革命軍一方面於倉猝中不能利用敵人恐怖之機，而敵軍一方面轉以此加緊戒備也。

克強瀕行，已共定猛攻總督官署之策；同時以一部襲擊水師行臺，一部襲督練公所，使不能調兵相救；新軍與巡防營之嚮我者，則使於最短時間內入城鞏衛，傳檄全省，計可一二日而定。克強既入，初使人密報，擬於廿五日舉事，旋確定為廿九。至廿六日，聞觀音山之防營原已受運動者，忽被他調；而同志之機關有一二處洩露，幸未牽連。克強與在省幹部同志會商，決定展期，即再報統籌部，併遣各組選鋒暫先返港。至廿八日，統籌部復得克強密報，則又定於廿九日發動。余與伯先急遣選鋒復上省（但多不及行者），而余與伯先以廿九晚分船上抵省，則船不得停泊碼頭，而清軍艦派員至船檢查，余知朕象非佳。時余與仲實、璧君、君瑛、佩書同船，以假辮繫帽中，檢查員併持有余等照相，乃熟視若無睹。旋登岸，亦有警察盤詰，余以普通話答之，乃不疑，遂共入海珠酒店。仲實先返其家，旋使其姑母來，具言：「黨人圍攻督署已失敗，死者甚多，現時緹騎四出，旅館已布偵探，君等宜急避入鄉間，繞道往港。」佩書聞言，失聲大哭，璧君急止之。余曰：「此非死所，宜急入城，我料必猶有未破壞之機關，則可據以殺賊。」璧君請試探能入城否，遂與仲實姑母去。約二小時，返言城堅閉，不許入，宜作他計。君瑛有戚魏某，為水陸師學堂總辦，家在城外，姑往其家，或可因以入城。余然其說，遂偕往。至則魏某與眷屬避匿，惟餘婢媼。璧君遂令作飯。余等以日本語私商，共以手無寸鐵，求死無術，不宜久留落賊手，遂登港夜船。船中已有警官稽查，惟視余輩乃似外省官眷之避亂者，乃不甚留難。船久之乃啟行，在船中猶勉自鎮懾。夜半抵港，淑子、寧媛乃以廿九夜返港者，至是候船，得見余等，遂同返璧君處，痛定思痛，惟有相對痛哭耳。

余爾時以為克強固絕無望，即以余等往復情形推之，伯先恐亦不免。迨翌日，伯先先歸，併得克強手書，始知其未戕於敵。又一日，克強裹創，與徐宗漢數人亦偽作避難者至港。余知港中警察將逐戶搜索黨人機關，乃亟銷燬祕密文件，而分別遷徙，余與克強即移居九龍。克強已斷其右手兩指，為述經過情狀。蓋初本決計展期，而姚雨平復來言，調防來省之軍隊，乃比較而更有把握。於是在小東營黨司令部更議進止。林時塽等皆慷慨主速發，且曰：「余輩求殺敵耳，革命黨之血，可以灌溉於無窮，事之成敗，無足深計！」克強亦謂：「展期則須避出，重入險地，乃至不易，謀之期年，全黨屬望，遷延退卻，實無以對天下人！」列席者無一人言退，遂復取消展期之議。廿九日下午四時，遂以百餘人持手槍炸彈，猛攻督署，衛隊管帶金振邦當前抵禦，擊殺之，餘兵皆逃。克強偕執信、林時塽、李文甫、鄭坤、嚴驥等直入內室，遍搜張鳴歧不獲，置火種牀上而出。適李準大隊至，與戰良久，乃三路突圍。克強率數十人走大南門，與防營遇，且戰且走，回顧不見一人，乃以肩推一店門入而閉之，敵有近者，發槍擊之，斃七八人。及敵引去，乃乘間出城。執信與何克夫本隨克強行，及至雙門底，槍彈已罄，始避入友人家以免。而林時塽（文）、喻培倫、方聲洞、宋玉琳、劉元棟、李文甫等七十餘人，皆死之，蓋自有革命戰爭以來，吾黨之損失，未有若斯役之鉅者。中有被捕後始遇害者，使為供詞，輒揮灑數千言，斥清政府之罪惡，而申民族革命之大義，及所以為民眾犧牲之由，意氣凜然，從容就死！問其家世，則多世家子，而勤學篤行之士也。張鳴歧、李準等雖秘之不敢宣，而問官愛其文詞，輒暗誦而流傳於外。（其純粹由工人出身者，則如王〇〇、鄭〇，由農人出身者，則花縣徐氏十人。）

克強傷心失敗，而右手不能作書，乃口授余作報告，致海內外，淚隨聲下。且言雨平、毅生、陳炯明三人虛妄誤事，罪皆當死；余時亦悲憤已極，克強固主持軍事，且血戰而出，固當悉以其言為依據。乃同署名，後執信、克夫出，更從各方面調查，則克強對於三人之批評，實有誤會。然未幾武昌起義，余與克強日在軍書旁午中，不及改正，今此書原稿尚存，其述此役之本末，要為革命史中最有價值之材料。此役之敗，以再三改期，致不能完全集中，減少力量。如同時李準亦受打擊，則事未可知。又與防營通謀而未確實，其聯絡作戰方法，臨時乃不相照應。從軍事上言，此兩點不能無微憾；然為義而動，有進無退，諸烈士甘死如飴，至不復有成敗利鈍之見，以表示革命黨犧牲偉大之精神於天下，時移代易，猶足使人感念不忘，頑廉懦立，而況於當時？由是而滿廷上下震恐失措，民眾萬萬愈有「曷喪偕亡」之志。至武昌振臂一呼，而天下皆應，則正以三月廿九之役，為之先聲！故從革命總體為之衡量，此役雖失敗，而其功乃較戰勝得地者百倍過之，今日已可定論矣。

余等未及報告，而先生自三藩市飛電來，文云：「聞事敗，各同志如何？何以善後？」電致港機關，而上無人名，蓋尚不知吾輩何人得生還也。時國內報紙初有言余已死者，精衛在北京獄中見之，哭至暈去，悲吟五律有「如何兩人血，不作一時流」之句。數日乃知其不實。民國元年與精衛相見，始以示余。余與克強尚能支持，伯先則悲憤無聊，輒痛飲，半月而病。病為盲腸炎，既危，始就港醫院割治，內已膿化，遂不起。余與克強以嚴避省港偵探耳目，不能送其喪，其妻欲自殺以殉，賴其父救止之，同志護其喪歸里。伯先少於余二歲，有大將才，且能以精神提挈革命青年，大江南北軍界同志，尤傾服之。使不死，則南京光復後，決不至任程德全、莊蘊寬為都督，洪承點、冷遹、孫棨輩，亦當奉令惟謹。余等雖不能前知，而感於革命領袖人物養成之不易，三月廿九以後又失伯先，其愴悼可知矣！

初圖廣州事，克強為人作書，書「丈夫不為情死，不為病死，當為國殺賊而死！」伯先輒引滿稱善，不虞其身不死於廣州革命戰爭，而病死於香港也。克強於是謂余曰：「此時黨人惟有行個人暗殺之事，否則無以對諸烈士！」余曰：「此不止為復仇計，亦以寒敵之膽而張吾軍。」克強乃密諭黨人，積極進行。余初入同盟會時，即崇拜史堅如、吳孟俠之行誼；而孫先生對於暗殺問題，則不為絕對之主張，謂「暗殺須顧當時革命之情形，與敵我兩者損害孰甚；若以暗殺阻我他種運動之進行，則雖殲敵之渠，亦為不值；敵之勢力未破，其造惡者不過個人甲乙之更替，而我以黨人之良搏之，其代價實不相當；惟與革命進行事機相應，及不至搖動我根本計畫者，乃可行耳。」故精衛謀刺載灃，余極不願贊成。三月廿九失敗以後，余則極端從克強之議。於是閏六月十九日陳敬岳、林冠慈以炸彈擊李準於雙門底，不中，林冠慈當場轟斃，陳敬岳被捕見殺。九月四日李沛基炸殺滿將軍鳳山於倉前街。先是以李沛基與其兄應生、周之貞、高劍父等偽開一店於倉前街（以其地為由南門出城必經之道），備炸彈三，其大者重十七磅，為木板掩置簷際，板以繩曳之。是日晨報鳳山將至，則令同志夥伴皆去，惟留沛基執引之責。鳳山肩輿至店前，沛基即店後樓割繩，繩斷，轟然一聲，鳳山與其從者十餘人皆斃，店戶倒者七家，沛基之店亦倒。沛基仆於後街，急起行，遇一四五歲小童，指之譁笑，謂是人乃滿頭泥灰也。沛基陡悟，則亟抱此小童，笑言我買糖果予汝，而一面自拂拭，遂偕赴市，市果予小童，從容逸去。論革命黨行暗殺之成績，無有過於此舉者。受黨令而行一也，殲賊而我無所傷二也，敵膽寒至不敢窮究其事三也；克強實主其謀，併得省中同志為助；而沛基是時年方十六七，臨事鎮定，從容如此，亦難能矣。鳳山曾繼袁世凱統北洋四鎮，其來粵使命之重大可見。鳳山亦驕甚，其先行官到粵，即揚言將整頓粵省軍政，併彈參張鳴岐、李準去也。抵省時，張、李使人勸其俟警備已周而後入，鳳山怫然謂其怯懦。經擁儀街入城，中炸彈，半身已燼，惟一足飛數十丈外，尚可辨識。後此清大臣與各省疆吏，人人自危，不止張鳴岐、李準膽落而已也。

廣東之光復與出任都督

八月十九日，蔡濟民、熊秉坤起義於武昌，推黎元洪為湖北都督。時余適在西貢籌款，乃急歸港，而克強則已以應湘、鄂黨人之請，由港啟行矣。當三月廿九之前，統籌部已使英士、鈍初、覺生、石屏等入長江，為廣州革命之應援。廣州雖敗，各省以怖於革命黨，已風聲鶴唳，草木皆兵，黨人進行武漢之運動尤力，武漢新軍參半為黨人。適遇鐵路風潮，端方兵調入川，湖北總督瑞澂以最富於革命思想之步兵第三十一、三十二聯隊予之，以分散其勢力，所餘僅砲兵工輜等營，而子彈亦為瑞澂沒收，每人僅餘五顆，軍中仍躍躍欲動。忽而機關破壞，捕去三十餘人，併搜出黨人名冊。（時胡瑛尚在武昌獄，聞耗即設法止陳英士等勿來。）士兵之投入革命黨者已多，於是為自存計，迫不及待，是夜九時草湖門四馬路民房失慎，城內工兵隊熊秉坤等集合同志，棄肩章，各捲白布為號，鼓躁而出。隊長阮榮發出阻，槍斃之，即襲楚望臺，斃旗人百餘，轉佔軍械局，取子彈，攻督署；城下輜重隊即放火響應，破城門入，與工兵會合。十時許，砲兵隊已據蛇山，以機關砲助戰。瑞澂命張彪等率所部禦敵，而已則走避楚豫艦中，布政連甲等從之，張彪亦走漢口。夜半砲聲止，全城已定，而吾黨重要人員均未及期到鄂，蔡濟民等不得已，擁清二十一混成協協統黎元洪為都督。湖南、江西次第響應。張鳴岐乃通電宣布獨立，欲以緩和人心。既數日，又取消之。余急使同志密散傳單，斥張罪狀，一面運動軍隊逐張，而使執信、毅生潛入內地，起各路民軍，以逼省城。

初三月廿九之役，張鳴岐實隻身走匿李準處，李頗挾功凌之。張不能堪，而懼奪其位，則奏調龍濟光全部到粵，龍為張巡撫廣西時之部將。龍至，則兼為廣東新軍鎮統，位勢在李上，李漸不平。余詗知其情，則使人離間之。李自被刺傷，雖醫癒，然知革命黨勢力已大，不敢更與結怨，故為陳敬岳求免死；護送但懋辛等回里；中路清鄉之任務，李亦以讓之他人。張更疑其與革命黨人通，遂奪其中路所統三十營，且收取虎門要塞大砲撞針，李益不安。然慮革命黨不能容赦之也，則託其幕友謝義謙至港，徵探革命黨意旨。義謙，良牧之叔也。十五日良牧偕與來見，余曰：「革命黨不報私仇，特為漢族請命耳。清廷大勢已去，李當知之，李果能反正，而盡忠於革命，所謂以功贖罪也。李固識精衛，猶不能信革命黨之行動耶？」謝歸報。十六日，李又使電報職員黎鳳墀至港，因韋寶珊求見。（當時同志頗有慮李不可靠，與之交涉，不免危險者。余廉得其情，實知李已喪氣，而又受逼於張，從其個人立場，必不敢存不利於我之念，余收李，廣州即可不戰而定，故坦然應接其來使。）余見黎，即曰：「今為李策，只有兩途：若欲為滿洲盡節效死，則當與民黨再戰；如其不然，則當即從民黨。首鼠兩端，禍且在眉睫，今但問其決心如何耳。」黎謂：「李已有決心，若不見疑，請示以條件，將惟公之命是聽。」余乃要以：（一）李須親書降表來，同時去滿清旗幟，用青天白日旗幟，通電反正。（二）即逐張鳴岐，且迫龍濟光投降。（三）歡迎民軍。（四）李勢力範圍內之要塞、兵艦、軍隊，皆須交出，由革命政府處分之。黎如所教上省。翌日復來，則李果為書上同盟會南方支部，表示降服，願一一依所開條件執行。

十八日，李以明電來，言「張鳴岐已走，諮議局開會，已舉公為都督，盼即來省。」已而諮議局公電及省中同志陳景華、鄧慕韓等電皆到，且言蔣尊簋（伯器）為副都督，於余未至省時，暫由蔣代理。蓋諮議局先一日開會，宣布獨立，舉張鳴岐為都督，龍濟光為副，輿論譁然，張亦不敢就。而李則直以電話告張，謂已通款於革命軍，四江兵艦之砲，實比他部隊為利，即他艦亦已集中省城，請其好自為計。張得電，召龍濟光謀。時雲南已獨立，龍亦已受李運動，故張問龍，能即撲滅李否？龍告以不能。張知已陷於孤立，且得滬電，祇「京陷帝崩」四字，而南海、番禺、順德之民軍漸逼，香山駐屯新軍一營已變，南路、東江皆告急，張故立逃，於是各界再就諮議局開會，而限於革命黨人為合被選舉資格矣。其時在港同志尚有勸余不即上省者，以為李固新降，龍濟光尤叵測，新軍在省只兩營，且執信、毅生尚未到省，手無一兵，不如且待。余曰：「不然，此時革命空氣已籠罩全國，廣東屢起義師，且在鳳山被殺之後，官僚尤為喪膽，吾人所恃，不僅在兵，若稍涉猶豫，適以示弱；況此時事機，頃刻變化，我輩為革命黨人，萬無持重求全之理，我意必速行。」遂與淑子、寧媛、君佩、良牧、應生、黃大偉、李郁堂即晚上省。

瀕行，何啟約相見，何曾撰《西法真詮》及駁張之洞《勸學篇》。余詢以外交之事，何云：「湖北首義，已以關稅所入存貯滙豐，為償還外債之備，因而得列國之好感，此可效也。」余此時無暇與何深論，但覺授人以柄，實開惡例；而何反以為得計，何也？

余等抵省，果見省河兵艦悉已懸青天白日旗，同行者皆歡呼：「中國人真見天日矣！」登陸，李以所部迎余，即步至諮議局，受各界之歡迎，伯器即日交代。

諮議局在前清，等於省議會，其分子純為紳士。此時大會已非原有性質，乃為城市民眾代表，萃廣州之商會、善堂、報界、教育界及諮議局議員若干人為之；析其分子，則小資產階級與知識階級，普屬於第三階級者也。滿清盛時，以貴族官僚專制，紳士與官結納作威作福，竟若代表一切，而他無敢言者。迄於末造，經所謂維新變法及預備立憲，乃始承認商會、教育會等為合法團體，通都大邑貿易繁盛，商人漸有勢力，而紳士漸退。商與官近至以「官商」並稱，通常言保護商民，殆漸已打破從來之習慣，而以商居四民之首。（從前四民，謂士農工商。）斯時法律上固無工會，即實際上亦未有其萌芽。至若農會，乃知識階級講求農事改良之學會，與農民無關也。廣東善堂為特產之慈善團體，初亦憑藉紳士，繼則附庸商人，其名義乃獨立，而常與商會共進退。張鳴岐在粵反革命時，使七十二行商會、九善堂通電詆詆革命黨，暢所欲言，指此為廣東輿情之代表。及反正以後，而七十二行商會、九善堂又通電頌揚革命，惟恐不及，此亦可以見商人之性質矣。各省反正固以民族思想戰勝為最大原因，而黨人拼死進攻，使滿清官僚日夜陷於恐慌之境地，而不敢與我抵抗，亦為制勝之由。

余受任之際，全城官吏盡空，等於無政府，余乃即日任陳景華為民政部長，先使理警察之事；任李郁堂為財政部長，收藩運兩庫；陸軍部長、參謀部長於十八日由新軍宣布反正時所公推者，則仍之；創軍政府離形於諮議局，使君佩、汪宗洙等為秘書、參議；為安民布告，併通電內外。時財政問題頗形棘手，括全域官庫，僅得萬元，（查知由張鳴岐臨去時發濟龍濟光部軍雙餉，而與屬吏席捲其餘以逃，且告人云：「革命黨即得廣東，不能守三日也。」）而新軍及旗營等部，立需餉二十餘萬。余乃使郁堂與楊西巖、陳賡虞等商借港商款四十萬，許以三個月倍數償還；一面將庫存官錢銀局紙幣千二百萬，（此項紙幣張鳴岐曾發行於市，及不能流通，發生紙幣風潮，張乃借滙豐銀行款收回存庫。）加蓋軍政府財政部印發行，而使商會承認通用之，嗣後乃不虞困乏。軍事問題則更為複雜，新軍全協向為革命之中堅，然此時則黃仕龍領一團在高州，留省之一團，又分一營在香山，故其勢甚孤。巡防營共六十餘營，人數至多，但其武器與訓練，遠不如新軍，且散布全省。祇中路三十營，向為李準所轄，張鳴岐削李兵權，僅留其六營，餘則置分統二人，使直接於己；然統領偏裨，為李舊部，故李猶有號召指揮之實力。龍濟光以濟軍九營來粵，併合桂軍三營，為十二營，視他軍為集中，又新至粵，其受革命影響至淺。龍雖從李準反正，而實存觀望；即李亦祇以一時之利害，歸命於革命黨耳。民軍分子，以赤貧農民與其失業而流為土匪者為基本隊，更裹脅鄉團及防營之潰散者，以成其眾，其氣甚壯；然倉猝嘯聚，其軍實固遜，其行列形式亦較防營為更差。民軍以首議自居，視他軍如降虜；他軍則薄視民軍，為起自草澤綠林。余審察各部分之性質，因定計先鞏固新軍，使其居中不動，作諸軍之監視，而張民軍之勢，以壓迫降軍與防營。時執信、毅生已到省，由二人平日運動之部分，如李福林、陸蘭清、譚義、陸領、張炳、黎義等，皆極服從，則亟施以組織訓練，並稍資以軍實。其餘如楊萬夫、周康、石錦泉等則為民團督辦處，使皆受成焉，而為之編練。（此著獨無效果，因為民軍首領性既跋扈，而余用劉永福為督辦，何克夫副之，本意劉曾於安南抗法，及於臺灣抗日，俱有名，為兩廣會黨遊勇平時所傾服，用劉，民軍當易就範，克夫左右之，即能行黨中計畫。詎劉已老耄，用人復闒冗，克夫不能救正，治事一月，毫無成績，因罷劉而以黃世仲代之。黃頗能操縱關人甫、王和順之屬。至民國元年二月間，乃竟欲使民軍擁己而作亂，其咎由余用人不當致之。）未幾，李準以所部受人煽動，不能複製，遂走去。（李對於軍政府，服從惟謹；而黨人有揚言將為七十二烈士復仇者，李恐，遂住兵船，不復登岸，其部隊益離散，或劫取所有，而投於民軍。李稱病辭職，余親往視之，李警衛甚嚴，雙手持短鎗，見余始釋之。告余曰：「黨人殆終不恕我，連夜謀以水雷炸彈攻我舟矣。」余知其自受行刺後，杯弓蛇影之見耳，乃慰藉之，且就其舟中暢眠達旦，謂李曰：「昨夜如何？」李感甚，良久乃曰：「公來，誰復敢犯此者，我實受公之庇；然公豈能終日庇我而不問一切事耶？公請還府，非極危殆，我仍留此聽耳命。」余還都督府，李母妻哭勸李行，李遂往港。）龍濟光初尚留辮髮，踞佔城內，拒民軍入，至是亦剪髮奉令。蔣伯器為粵籍士官，以其在反正之先態度不明，竟排斥之去。

出師北伐

內部稍定，余乃亟使姚雨平組織北伐軍，併由陸海軍撥最良之利器給之。蓋其時漢陽已失，而我軍攻南京不下，故余急謀出師；余且欲自將，以同志之諫而止，蓋余視北伐尤重於守粵也。

時陳競存、鄧仲元已佔惠州。初，陳等攻惠，久不能克。余既入省，即使李準密致電秦炳直，使投降，言清廷已覆，張鳴岐已去，苦守無益。而鄧仲元亦使人運動洪兆麟投降。秦不得已，乃開城。余並解餉十萬，以濟陳軍，邀陳到省。陳設嶺東守府而後行。仲元先至，相見甚歡。同時黃仕龍電告，率所部反正。各界代表大會，乃於都督之次，舉陳為副督，黃為參督。（舉陳為余所主張；黃則余甚不謂然。顧乃同時並舉，余且不及糾正，可謂疏矣。蓋當時自號穩健之黨員，主此議，而事先不余告也。）黃乃先陳來省，且陰造飛語，謂陳將以重兵攻廣州，胡、陳將交鬨。其見余，則尚恭順，但言：「高州幾為林雲陔屠殺盡，林罪甚大。」雲陔固奉黨命，起義於高州者。及黃以新軍往，軍士皆不欲戰，因迫黃反正，黃遂交軍隊於蘇慎初而來。余既廉知其情，益覺黃之悖謬。余斯時與陳，無絲毫罅隙。翌日，陳至，余與商軍政各事，夜深，遂留與共榻，外間謠言盡息。陳請以鍾鼎基為師長，王肇基、任鶴年為旅長，余即為發表，以與余擴充新軍之旨合也。又數日，余與陳、黃共議事，黃言：「北伐似非其時，粵人不能於嚴冬在大江南北作戰，遑論黃河流域？且粵局未大定，多出精銳，一旦根本有變，何以鎮壓？不如先固粵。」余謂：「革命在進取，不在保守，斯時漢滿之鬥爭，乃漸變為南北之決戰，若我方形勢頓挫，即粵亦無能割據苟安。況粵正患兵多，內部亦無何等顧慮。至言氣候差別，自當注意防寒，豈能坐待來年解凍，方議出兵？」陳力和余議。已而陳、黃爭論民軍事，黃為至無禮之言。陳怒，幾決鬥。余使邱仙根兩解之，二人自此即避面。陳更請為北伐軍總司令，以所部循軍及他部改編；即雨平所已編定之部隊，亦併合為一系。雨平不願受陳節制。余與執信亦以為北伐軍既由各省陸續出發，其至前方，當更有統一指揮者，而各本省乃不便事事遙制；且必成大軍而後出，則有後時之憂。故余雖從陳之請，而仍令雨平先發。其後北伐之成行，以執信之贊助為最多云。

清除粵省反動份子

黃仕龍仍謀反動不已。第三次開各界代表大會於總商會，余對群眾為政治軍事大體之報告。黃提議統一軍權，指摘各軍糾紛情形，欲使大會推己握兵，商界代表頗為之動；亦有獻議三督分權治事者。余與陳力斥之。黃於清末，曾繼伯先為團長，與陸軍學堂監督。庚戌新軍之役，黃跪哭勸新軍士兵勿動；不聽，則偽為自戕，商民頗稱之；然黃實始終反對革命。迫於高州新軍，不得已宣告反正，乃驟以素無革命歷史之資格，得選參督，黃遂野心勃發。初以余為易與，欲行其挑撥離間之術；既不得遂，則密結龍濟光為援，而身自住於商會，日夕煽惑商民三督分權之議，謂各稱所能。軍民分治，果其計行，必黃獨攬兵柄。幸余與陸已燭其奸，而各界代表亦不敢妄與附和。是日執信已飭陸蘭清、陸領等部，陳兵西關。並與仲元約，如大會堅持異議，則解散之。黃既失敗，又欲運動民軍。民軍領袖於東園開會議，黃請出席。余知其事，對於各部，預為告戒。或有疑為陳、黃之爭者，余曰：「不然，黃為不利於政府之謀，直叛徒也，特以其惡未著，而商民愚闇，故不能取以明正典刑。民軍為革命而來，當絕對敵視之。至陳則為吾人共生死、同患難之老黨員，今以其地位足以支撐艱鉅，助陳即為政府，此無徘徊之餘地。」既開議，黃欲為遊說，民軍領袖及代表悉起詰難，李就等尤激烈，黃狼狽避席。猶冀新軍以從前因緣，可以煽動，遂逕約與標營士兵講話，而各營皆拒絕，黃始絕望而逃去。

改選廣東省會議員與應付英人辦法

自此以後，余等更覺各界大會之凌亂複雜，為不可恃；而諮議局舊議員，斷無使復活之理；光復各省亦次第改選，粵中人士遂為同等之要求。余乃與競存、執信等草定「臨時省會選舉法」，各界為比例選舉，特定同盟會代表二十人，婦女代表十人，各界當選者，十九俱著籍同盟者。嗣是省會乃不復有與政府分歧之趨向；而議員有女子，乃為亞洲所創見。

李準走後，余使君佩、道源助毅生，設立全省軍務處。道源故為李入幕賓，知軍事，接收李部陸海軍，有條理。黃仕龍在省時，一日，民軍譚義部與濟軍衝突，自午至酉，毅生往彈諭止之；黃則於其間竟日密勸龍乘機作亂。龍憚於形勢，不為動。君佩與裏勤（按即古應芬）更以兵艦清理河道伏莽，故各江與省城交通如常。

時英領事詹米純，故與粵政府齟齬。初得外交通牒，斥云：「彼此不宜廢官僚大人之稱」，余置之不理。既又藉保護商船為名，以兵艦闖入西江，遊弋至梧州。余飭軍務處恢復段艦（按西江沿途分段，交番巡緝，謂之段艦），另以兵艦尾英艦往還。如是旬日，英人無所藉口，乃自撤消。惟海關問題，以各通商省分悉依湖北先例，外交部長某以為難於立異，余亦不復堅持初見，遂取同一步調，致開民國以來之惡例，此當時最大失策。張鳴岐初逃沙面，英領事居為奇貨，欲助之復職。張不敢從，逃港。港督梅仍欲利用之，張觀望。既知勢無可為，乃去。梅怪張何怯懦乃爾？其人曰：「張於財政，即無辦法。」曰：「胡某能發行紙幣，張奚不能？」其人曰：「惟胡某能以軍府財政部之名義行之，則以張之立場，更覺悟其無可措手矣。」港英文報恣詆余輩，謂之「暴徒」，謂之「暴民專制」。從其頑固保守之素性，與「氈圖門」（按為英文「紳士」之譯音）之假裝，固不足以語非常之變革。而且以帝國主義之首魁，則尤不藥聞中華民族解放鬥爭有何成功，而必多方反對之，破壞之；謂戰其好惡與我殊，仍未見其肺腑也。

對黨人之觀感

余在粵兩月，百事草創，惟拚一生之精力赴之。其初，至於寢食俱廢，待各機關以次成立，而執信復居中助余規劃一切，余乃不至困蹶。（執信日接電話，至耳為之腫，其勞可知。）吾輩之弱點，乃適與其時帝國主義各報所批評者相反。蓋當行革命專制之實，而又襲取自由民權之名，此為矛盾相撞之點。余輩以革命書生，經驗殊少，反動分子即伺隙為祟，精神稍懈，幾於根本動搖。（如推舉黃仕龍為參督，及提議分權治事等事，俱可為殷鑑。）黨人本多浪漫，又侈言平等自由；紀律服從，非所重視，祇求大節不踰，不容一一規以繩墨。其甚者乃予智自雄，以訐為直。（如香軍諸人，其始竟欲自樹一幟，久乃就範；入民國元二年，變為心社，言無政府主義。又光復後，許人民出版一切自由，各報持議惟謹；而黨人所辦之各報，乃毛舉細事，以譏刺黨中領袖，謂之「新官兒」。仲愷常入都督府計事，至深夜而出，某報乃云：「有新官兒仰臥籐篼，口喃喃猶囈經濟術語。」戒飭之，始稍悛，其荒謬無識至此。）執信嘗謂余曰：「宋儒言：天君泰然，百體從令，直不解事人語耳。」蓋發憤於黨人之態度也。然當革命之際，僅為少數人之努力，而不能表示為一致的黨之行動，此則平時組織與訓練上有闕，又非徒黨員之過矣。

民軍當時號稱十萬，外報造謠，遂若全省擾攘，不可嚮邇。然余與競存常摒去衛士，徒步而行；

執信、毅生等，則始終無衛隨之人。斯時之秩序，蓋以革命之空氣為之護持。民軍之至不謹者，亦無公然違令作惡之事；（石錦泉最蠻悍，嘗欲毀拆城隍廟，謂以辟迷信，商民大譁。陳景華以都督令制之，即止。又屢次搜捕私藏軍器，及滿清旗幟軍服者，皆責令解送陸軍軍法處，分別處置。）於軍政府之行政用人，更不敢有所干涉請託。故當時商民凜凜於民軍；而至其後滇、桂軍披猖於粵東時，則皆歎曰：「民軍不易及也！」是時，無非常警察與非常裁判所，遇犯通敵不軌之嫌疑人，俱由陸軍部軍法處審訊；最後則由都督決定之。

漢口、漢陽失陷，黎元洪電粵，言文書多散亡，慮有敵探，假使命至各省，請嚴防。湘省電粵，亦言此。已而有賫鄂都督文書來者三人，謂漢陽失，黎使其與克強分道至粵、桂求救兵者也。余察其職責，太不相當；而三人者乃乘余更衣，而竊視余案上機密文件。余觸念鄂、湘來電，不審其人真偽，遂以密電詢黎。數日得復，則謂並未有使至粵。余亟遮留三人，且以黎電示之。三人驚愕，指天日，誓不妄，請更電詰黎。余使其擬稿，並聽以私人名義，同時發電致詢。又數日，黎再復電，固言無此事，三人者必偽託，宜嚴懲勿貸。余復以黎電示三人，三人皆太息曰：「此殆命也！」余此時已密檢三人行裝及其僕從，且詳察其言動，都無可疑，特少不更事耳。因問黎遣使時，何人與知？公文書及盤費，何時領取上道？黎左右有何人足為證據？以電黎及其左右。最後覆電，乃云已憶確曾遣三人為使，前兩電忽遽未及詳；又以漢陽失陷，無底案可查耳。余乃引三人出，賀其更生。翌年，余見黎於武昌，黎云：「外人皆言君暴，今殊不似。」余舉此事以答，且曰：「真革命黨，無妄殺人者。」

袁世凱之陰謀

同時起義諸人遭毀謗者，英士尤甚於余。詆余為「暴徒」，而詆英士則直曰「無賴」。上海為東南之鎖鑰，且中國產業文化交通之中心，各層階級社會盛焉，故得上海，而後足抵漢陽、漢口之失，振起革命軍之聲勢，更為進取南京之根據。英士以蒼頭軍突起，襲製造局，不克，被擒，竟說降其守兵，略定全滬，屹然為革命之重鎮。其人才氣無雙，能利用一切勢力，機警善變，不守繩墨，以是為所謂縉紳先生者所畏惡。自其起事時，即輒與租界英、法人迕，而交起而狂詆之，而英士強項，無如何也。（余與英士對於內外報紙為個人無理之攻擊者，俱不屑辯，由今觀之，其實大誤，蓋此為反動之消息，不能任其滋長，彼為此者，亦正不在個人之名譽也。）於時蘇、浙皆起；南京則以各軍聯合，逐鐵良、張勳而克之。各省復派出代表，議統一政府之組織。克強亦已至滬，則共舉克強為大元帥，黎元洪為副元帥。既而因黎派反對，則又改舉黎為大元帥，克強副之，而攝行大元帥事於南京。初克強至漢，黎亦虛己以聽，推為戰時總司令。顧以新造之鄂，兵力實不足支北來之四鎮。克強電余云：「鄂軍怯，湘軍驕，敗無疑也！」而鄂人則謂克強有所輕重於其間。漢陽陷，克強主棄武昌不守。賴他同志挾持黎氏，不得聽克強言。繼以議和聲起，北軍亦不更進，武昌幸無恙。鄂人乃以為讒詬克強之口實。

黎初以革命黨脅迫而出，謂之「牀下都督」，畫諾而已。然名器所假託，漸亦有權，則私引舊官僚，以傾民黨；尤注意報復起義時所不見尊禮者，內部分裂，授敵人以柄自此始。

革命軍起，而清政府之軍隊悉潰壞，所恃為北洋數鎮，實成立於袁世凱之手，清廷不得已，復出袁世凱為內閣總理，諸鎮始用命，攻革命軍。惟吳祿貞樹義於遼藩（按當作石家莊），將以兵直擣虜巢，京師震動。袁陰以計通吳部下賊殺之，而諉其惡於良弼。張紹曾、藍天蔚等繼起，亦以袁故，不得逞。吳為鄂省同志，畢業日本士官，才氣縱橫，其在北方有名，如趙伯先之在南，而實力尤過之。吳不死，清且立覆，而袁世凱亦無由肆志。吳之死，實當時革命軍最大之損失也！袁世凱出統軍政，歐洲同志吳稚暉等，亦知其不易與。時孫先生適至英，乃請先生以電致袁，謂「能倒戈為漢滅清，當推袁為民國總統。」其實袁爾時已決計居清廷與革命軍之間，收漁人之利，不待此電，始啟發其野心矣。此時清政府已如日薄崦嵫，而革命軍之進行，乃猶有障礙。余知此局勢，非孫先生歸，不能解決也。

從總理至滬轉寧與襄助組織臨時政府

十一月初二日，聞先生歸國，已將抵香港，余大喜！亟與執信、競存（按即陳炯明）、仲愷等商議，決定要留先生於粵。余則親偕仲愷乘兵艦玉港，迎先生。既見先生，屏人熟議，由晨至晚，爭論始決。余主先生到粵，先生則主與余偕往滬寧，其爭辯之點甚多，今追述其要略。余謂：「滿洲政府人心已盡去，惟尚有北洋數鎮兵力未打破，故得延其殘喘。袁世凱實叵測，持兩端，但所恃亦只此數萬兵力。此種勢力未掃除，即革命無由徹底。革命無一種威力以鞏固政權，則破壞建設，兩無可言。先生一至滬寧，眾情所屬，必被推戴，幕府當在南京，而兵無可用，何以直搗黃龍？且以選舉克強之事觀之，則命令正未易行，元首且同虛器；何如留粵，就粵中各軍整理，可立得精兵數萬，鼓行而前，始有勝算，盡北洋數鎮之力，兩三月內，未能摧破東南，而吾事已濟，以實力廓清強敵，乃真成南北統一之局，滬寧相較，事正相反，若騖虛聲，且貽後悔。最近福建、廣西、貴州諸省，正以寧、鄂當衝，有暫推粵為首都之議，吾輩方謙讓未遑，先生則可控摶此局。」先生則謂：「以形勢論，滬寧在前方，不以身當其衝，而退就粵中，以修戰備，此為避難就易，四方同志正引領屬望，至此其謂我何？我恃人心，敵恃兵力，既如所云，何故不善用所長，而用我所短？鄂既稍萌歧趨，寧復有內部之紛糾，以之委敵，所謂趙舉而秦強，形勢益失，我然後舉兵以圖恢復，豈云得計？朱明末局，正坐東南不守，而粵桂遂不能支，何能蹈此覆轍？革命軍驟起，有不可嚮邇之勢，列強倉猝，無以為計，故祇得守其向來局外中立之慣例，不事干涉。然若我方形勢頓挫，則此事正未可深恃；戈登、白齊文之於太平天國，此等手段正多，胡可不慮？謂袁世凱不可信，誠然；但我因而利用之，使推翻二百六十餘年貴族專制之滿洲，則賢於用兵十萬。縱其欲斷滿洲以為惡，而其基礎已遠不如，覆之自易，故今日可先成一圓滿之段落。我若不至滬寧，則此一切對內對外大計主持，決非他人所能任，子宜從我即行。」先生持之甚堅，余亦覺所見不如先生之遠大，乃服從先生主張，立為書分致競存、執信、毅生諸人，使競存代理都督事，並以命令飭各軍服從競存，皆以授仲愷，使返省，與諸人布署一切。余則與先生同舟而行。（仲愷至省，執信、毅生等群譙讓仲愷，謂何忽翻前議？仲愷謂：「當爭辯時，不能贊一詞；及既決定如此，惟有奉命而返。」執信、毅生曰：「然則我輩當俱從往矣。」君佩謂：「如此是置競存於孤立，而拋棄粵局，非先生等之本意。競存方治新軍，須民軍服從不抗，然後防營與濟軍不生問題。毅生、執信實握過半數之民軍，此時舉足輕重，尤不可輕言引去。」眾議始定，競存始勉強受事。）

余隨先生至滬，英士、克強俱來迎，相勞苦，數月之別，如數年。（英士以是年五月，由滬徑入粵，觀察三月廿九敗後一切情勢，過港與南方支部同志相見，為余識英士之始。）更見精衛，則真如隔世。二人俱狂喜，至相抱而踊。精衛於湘、鄂等省反正時，得出獄，果如孫先生所預言。聞吳祿貞將起兵，輒走從之，中途知吳遇刺於石家莊，乃折回天津，與天津同志有祕密之運動。袁世凱起任事，其子克定跅弛以太原公子自任，精衛亦陰結之，事聞於袁，則私見精衛，謂非常之舉，非兒輩所知，而自輸誠於民黨。既而南京亦光復，精衛乃至滬。時清廷與袁世凱使代表議和者為唐紹儀，各省革命軍之代表，則為伍廷芳同志；更推精衛與王正廷、王寵惠、溫宗堯、胡瑛參贊其事。唐亦時與精衛密商，不拘形迹也。

國內同志以先生既歸，乃共謀建立政府，舉先生為總統。時章炳麟、宋教仁已先在滬。章嘗倡言若舉總統，以功則黃興，以才則宋教仁，以德則汪精衛，同志多病其妄。章又造為「革命軍興，革命黨消」之口號。蓋章以革命名宿自居，恥不獲聞大計。其在東京破壞軍器密輸之舉，黨未深罪之，章仍不自安，陰懷異志。江、浙之立憲派人，如張謇、趙鳳昌、湯壽潛之屬，陽逢迎之。章喜，輒為他人操戈，實已叛黨。鈍初居日本，頗習政黨縱橫之術，內挾克強為重，外亦與趙、張、湯化龍、熊希齡相結納，立憲派人因樂之以進，宋之聲譽乃驟起，故章炳麟才之。然終以黨人故，克強不敢奪首領之地位，鈍初始欲戴為總統，已為總理，至是亦不得不服從黨議，然仍主張內閣制。以克強光復諸省，由革命軍首領派代表者，悉同盟會黨員，祇直隸、奉天為非黨員。選舉及組織政府問題，當然由黨而決，遂開最高幹部會議於先生寓邸，討論總統制與內閣制之取捨。先生謂：「內閣制乃平時不使元首當政治之衝，故以總理對國會負責，斷非此非常時代所宜。吾人不能對於惟一置信推舉之人，而復設防制之之法度。余亦不肯詢諸人之意見，自居於神聖贅疣，以誤革命之大計。」時列席者，為余與精衛、克強、英士、鈍初、靜江（張人傑）、覺生（居正）等。靜江率先對曰：「善！先生而外，無第二人能為此言者，吾等惟有遵先生之意而行耳。」眾皆翕然。翌日，鈍初等即入南京，由各省代表開選舉大會，省占一投票權，共十五省，先生以十四票，當選為中華民國臨時大總統（按當時參加投票，為十七省代表，總理實以十六票當選），並決定總統於陽曆一月一日就職（距投票選舉三日）。余急就旅滬之廣、肇、潮、嘉同鄉，募捐得軍資七十餘萬。一九一二年一月一日，先生入南京，行總統就職禮，改元為中華民國元年。民國政府成立，而滿清二百六十八年之政府以亡！中國四千餘年君主專制政治亦以廢！

從來中國歷史家論一代政府之傾覆者，輒曰：「人心已去，事無可為」，此於滿清之亡為尤劇！中流人士固有發憤亡秦之志，而民眾亦既厭且憎；即其文武大僚從得祿位，當與共休戚者，亦更不為之效忠致力。革命軍起，封疆大臣輒望風竄走，否則樹降旗以求自保。仲愷告余，謂「陳昭常在東三省，聞南軍戰勝則喜，聞清軍戰勝，反戚戚然也。」故是時種族之辨，真釐然有當於人心。而載灃輩惟親貴是用，失其控馭之術，固自速滅亡，然此殆亦無關宏旨。洪楊時代，以天父天兄之迷信，反對儒教，知識階級乃群起敵之。君臣天澤之舊說，為曾國藩、胡林翼輩挾以對抗民族主義，使清室亡而復存；其他為滿洲城守死節者，亦相望於道。至辛亥革命，而一切呈相反之現象。以此較衡，可知排滿宣傳戰勝一時之思想者，實為根本之成功。其次，軍隊為政府最大之保障。滿洲入關，嘗數度因變故而改革擴充其兵制，即賴此以復振。及其末造，更治新軍，乃不惟不效，且以自殺，則以革命黨之軍隊運動，為能破壞之。新軍之制，以德與日本為師，比於旗兵防營為遠勝，且徵募良家識字者為之，同盟會會員則正以此而得應募入營。各省光復，大抵以清之新軍為先鋒，此亦推翻清廷，成功革命之重要因素也。

先生入南京，即日發表宣言，統一各省軍事、民政、財政，以及漢、滿、蒙、回、藏五族統一而為共和國家之旨。就職誓詞，則言：「誓覆一姓專制之政府，至民國鞏固，憲政告成，即返初服。」布告全國，廢除滿清一切法令。令禁毋得賣買男女及奴隸他人者。凡中華民國人民，人人自由、平等。以主權在民之原則，著於《約法》。諭北方將士，毋為一姓効力，抗命民國。先生以余為總統府秘書長，各部之組織，則採納克強意見。其人員如次：陸軍部長黃興，次長蔣作賓；內務部長程德全，次長居正；外交部長王寵惠，次長魏宸組；財政部長陳錦濤，次長王鴻猷；海軍部長黃鍾瑛，次長湯薌銘；司法部長伍廷芳，次長呂志伊；教育部長蔡元培，次長景耀月；實業部長張謇，次長馬君武；交通部長湯壽潛，次長于右任。部長祇陸軍、外交、教育為同盟會黨員；餘則清末大官，新同情於革命者也，惟次長悉為黨員。內務初提鈍初，以其嘗主內閣制，並欲自為總理，故參議院不予通過，（初由各省代表會行參議院職權，閣員須得其同意，著為《約法》，其後因之。）而改用程德全。程以清江蘇巡撫，於南京未破時，樹義旗反正者。克強推薦張謇或熊希齡長財政，先生不可，曰：「財政不能授他派人，我知瀾生（按係陳錦濤字）不敢有異同，且曾為清廷訂幣制，借款於國際，有信用。」於是用陳。亮疇（按係王寵惠字）以資格不足，欲辭。先生曰：「吾人正當破除所謂官僚資格，外交問題，吾自決之，勿怯也。」然張、湯僅一度就職，與參列各部會議，即出住上海租界。程固於租界臥病。伍以議和代表，不能筦部務。陳日經營借款，亦常居租界。故五部悉由次長代理。部長之負責者，黃、王、蔡耳。時戰事未已，中央行政不及於各省，各部亦備員而已；獨克強兼參謀總長，軍事全權，集於一身，雖無內閣之名，實各部之領袖也。克強以三月廿九之役及漢陽督師，聲名洋溢於黨內外；顧性素謹厚，而乏遠大之識，又未嘗治經濟政治之學，驟與立憲派人遇，即歉然自以為不如。還視同黨，尤覺暴烈者之祇堪破壞，難與建設，其為進步歟？抑退步歟？克強不自知也。既引進張、湯為收縉紳之望，楊度、湯化龍、林長民等，方有反革命嫌疑，亦受克強庇護，而克強之政見，亦日以右傾。

在臨時政府時期之作風

余治總統府文書，大小悉必過目。四方有求見先生，必先見之，忙勞彷彿在粵時。余與先生同寢室，每夜余必舉日間所施行重要事件以告。其未遽執行者，必陳其所以，常計事至於達旦。姚雨平所部既渡江，先生中夜謂余曰：「子留守，余明日渡江擊賊矣！」余力言：「雨平軍精銳，必能破張勳，無須先生自將，而他軍則難以為繼。先生以偏師進，不止乘危，且無異暴吾弱點以示敵。」先生乃止。庶務長沈某，自稱內務大臣，招搖於外，又強役民間車馬，不予值；余執付江蘇都督莊思緘誅之。繼者為應夔丞，兼衛隊長，漸跋扈。余欲並誅之，先生不可；乃褫其職，而以朱卓文代。參議院議員以同盟會佔大多數，顧狃於三權分立之說，好持異議。余常以政府委員出席，輒為言：「今為革命非常時期，戡亂未遑，議院不能置充分信任於政府，而反掣其肘，華盛頓抗英初期之故事，可以為鑑；即不覆亡，亦無由發展，非所以代表民意也。」定都南京之議，參議院不同意，謂不足以控制東北。蓋太炎、鈍初反對最力，以為遷都南京，即放棄滿、蒙。（太炎於南京追悼陣亡將士，製輓聯云：「群盜鼠竊狗偷，死者當不瞑目；此地龍蟠虎踞，古人畢竟虛言。」蓋不憚公然為反革命之言論。）參議院惑於其語。先生召克強至總統府，讓之。克強亦謂黨中不應有異議。先生遂召集院中同志黃復生、李伯中、鄧家彥等，為評言其得失，則皆唯唯。依參議院法，須政府再交院議，始能推翻原案。鄧、黃等以是請，克強遽曰：「政府決不為此委曲之手續，議院自動的翻案，盡於今日；否則吾將以憲兵入院，縛所有同盟會員去。」是日，適祭明孝陵，遂請先生俱上馬出府。余稱病，不從行，而就府中草文書，交院再議；一面飛騎白先生。迨先生祭陵歸，此事已解決，先生不予罪也。一日，安徽都督孫毓筠以專使來，言需餉奇急，求濟於政府。先生即批給二十萬。余奉令至財政部，則金庫僅存十洋。總長因在滬，次長愈旁皇無策。余乃提取粵北軍款六萬餘，更益以他款為十萬元，予之。而皖使以初見先生批，繼減其半數，反以為予靳之也。余在秘書，提倡平實簡易之文。布告北方將士，初使秘書雷鐵錚屬稿，詞頗艱深。余謂此當使人共喻，如布帛菽粟，無取矜奇，因屬任秘書鴻雋改作。雷不悅，即襆被出府，並為詩自嘲曰：「十年革命黨，三日秘書官。」名士氣深如此，難乎其為黨服務矣。張謇薦其徒十餘人於秘書，余悉不用。張揚言於滬，指余為第二總統。精衛以告，且曰：「惟負責，故有此謗；毀之，適以譽之耳。」

遷就南北和議之真相

當時最大問題，無過議和。議和之目的，在清帝退位。而清室以取得優待為條件，袁位凱則以取得政權為條件。袁一方挾滿族以難民黨，一方則張民黨以迫清廷，時人謂之新式曹操。清廷主戰者惟良弼，正月廿六日，為同志彭家珍炸斃，清親貴皆膽落。而段祺瑞領銜，北方將領四十餘人，贊成共和，則實承袁之意志為之。其性質與張紹曾、藍天蔚殊，蓋為袁不為漢也。優待條件非民國所宜有，留尊號於別宮，聽其竊以自娛，雖曰等於兒戲，仍足惑人視聽。又許以數百萬歲費，為遜讓之報酬，使廢朝之皇族，猶有所養，可云過厚不當。然此猶於革命之得失，無關宏旨。至舉政權讓之專制之餘孽，軍閥之首領袁世凱其人，則於革命主義為根本矛盾，真所謂「鑄九州之鐵，成此大錯」矣！先生始終不願妥協，而內外負重要責任之同志，則悉傾於和議，大抵分為三派之說。其持中國固有之宗法倫理思想者，則曰：「名不必自我成，功不必自我立；其次亦功成而不居。」其持歐西無政府主義者，則曰：「權力為天下之罪惡，為政權而延長戰爭，更無可以自恕。」（當南北爭持至烈時，李石曾以長電駁詰南京政府，一若祇須清帝退位，吾人即萬事不宜深問者。）其僅識日本倒幕維新，而不覺修正改良派社會主義之毒者，則曰：「武裝革命之時期已過，當注全力以爭國會與憲法，即為鞏固共和，實現民治之正軌。」余集諸人意見，以陳於先生。先生於時亦不能不委曲以從眾議。更就客觀環境而言，則鄂省實已與袁講解，北方得集中其力以向南京。南京軍隊隸編於陸軍部者，號稱十七師，然惟粵、浙兩軍有戰鬥力。粵軍不滿萬人，持以擊退張勳及北洋第五鎮於徐州。浙軍將領，則素反對克強，不受命令，陸軍部不能加以裁制。其他各部，乃俱不啻烏合，不能應敵。蓋當時黨人對於軍隊，不知如法國革命及蘇俄革命時所用之方法，能破壞之於敵人之手，而不能運用之於本黨主義之下。由下級幹部驟起為將，學問經驗，非其所堪。又往往祇求兵數增加，不講實力，此為各省通病，而南京則尤甚也。

軍餉更為重要問題。各省方憂自給不足，遑論供給政府。千萬之公債，雖通過參議院，而未嘗得一錢以應急。財政部日謀借債，俄債千萬，幾有成議，為參議院所拒否。日商之款五百萬，則為匯豐銀行抵制，至不能成交，實受帝國主義者之打擊。先生主張厲行徵發，而克強難之。以南京之軍隊，紛無紀律，不能舉軍政時代一切之任務也。軍隊既不堪戰鬥，而乏餉且慮譁潰。於是克強益窘，則為書致精衛與余，謂：「和議若不成，自度不能下動員令，惟有割腹以謝天下！」故精衛極意斡旋於伍廷芳、唐紹儀之間，而余則力挽先生之意於內。余與精衛二人，可云功之首，而又罪之魁！然其內容事實，有迫使不得不爾者，則非局外人所能喻矣。同盟會未嘗深植其基礎於民眾，民眾所接受者，僅三民主義中之狹義的民族主義耳。正惟「排滿」二字之口號，極簡明切要，易於普遍全國，而弱點亦在於此。民眾以為清室退位，即天下事大定，所謂「民國共和」則取得從來未有之名義而已。至其實質如何，都非所問。革命時代本有不能免之痛苦，聞和平之呼聲足以弛其忍受犧牲，繼續奮鬥之勇氣，故當時民眾心理，俱祝福於和議。逆之而行，乃至不易。夫以有熱烈傾向於革命之群眾，而不能使為堅強擁護革命之群眾，此其責當由革命黨負之，而亦為當日失敗之重要原因也。黨人且未完全認識其革命之使命，則於無組織訓練之群眾，又何尤焉。

清帝溥儀退位之宣言，由張謇起草，交唐紹儀電京使發之，乃於最末加「授袁世凱全權」一語，袁殆自認為取得政權於滿洲，而作此狡獪也。先生見之，則大怒責其不當；而袁與唐諉之清廷，且以其為遺言之性質，無再起死回生而使之更正之理乃電南京，承認臨時參議院與總統為服從民國之表示。且通令各方各軍，悉改用民國旗幟。先生乃於南京參議院提出辭表，而推薦袁繼任臨時大總統。（參議院接受先生辭職文，比之盧斯福，而頌袁世凱當選，則比之華盛頓，其無識可笑至此。）「就職南京」，為附加之重要條件；而精衛與蔡（元培）、宋（教仁）、劉（冠雄）齎使命北行，乃遇曹錕所部兵變恣掠，乃任袁將此條件打消。或謂袁實使所部變，俾藉口鎮攝，而免南下。顧蔡等無以察其偽，所謂「君子可欺以其方」也。第一次內閣，以唐紹儀為總理，兼得南北之同意。民黨厠身閣員者，教育蔡元培、司法王寵惠、農林宋教仁、工商陳其美（陳以上海軍事，未能就職，使次長王正廷代），蓋亦一混合內閣也。唐紹儀至南京，接收臨時政府，先生欣然受代。諸將只無所繫屬，皆不安，乃更置留守府於南京，以克強為留守。先生謂唐：「余不能為同志干祿，然有志留學於外國者，新政府當資遣之。」余以告秘書處同僚，則志願留學歐美者過半，余亦厠名其中。先生一見，即塗抹余名字，謂國事未定，當留國內相從，而以餘人授唐；余為之爽然若失也。

同盟會之改組與各省都督之更動

南京政府未解組，而同盟會會員已有公然脫黨者。章炳麟為張謇、熊希齡、趙鳳昌之傀儡，而奔走於江、浙間，號召保皇立憲派變相之政黨；劉成禺、時功玖等則以地域意見，另組共和黨，以擁戴黎元洪；皆不憚公然攻擊同盟會。其人既由同盟會分裂以出，則於當時頗受影響。同盟會因開大會於南京，黨員意見分左右兩派。右派以為武裝革命已告終了，應改為公開之政黨，從事於憲法國會之運動，立於代表國民監督政府之地位，不宜復帶祕密之性質。左派則以革命之目的，並未達到，讓權袁氏，前途尤多危險，黨中宜保存從來祕密工作，而更推廣之，不宜傾重合法的政治競爭，而公開一切。乃討論結果，右派佔多數，且有改選精衛為總理之決議，蓋以先生方綜國政，不宜兼攝黨事也。余詫其無識，起與眾爭，不得當，惟有太息而退。（余當時欲出外留學，亦以失望於黨人也。）其後以精衛謙讓，迄未就總理之職。是時同盟會已含分化之趨勢，察其原因，實為自然必至，而非驟變於一時。蓋同盟會之構成，以知識階級（留學生與內地學生）為主體；次則流氓無產階級（會黨與失業農民）與華僑之小資產階級、工人階級，為多數之成分，而皆集於知識階級旗幟之下。在當時為達到國民革命之戰略，則政策亦無勝於此者。顧中國距歐洲資本國家遠，其得歐洲各國革命歷史之教訓，又不如所受日本倒幕維新之影響為多。黨人既不悟革命不澈底之必無所得，（不以革命階級為主治階級，任反動勢力之坐大，即同於革命之中道自殺。）而尤其階級素性（知識階級——小資產階級）一旦稍免於壓迫之形式，即離開革命而別有傾向，殆無足深怪。同盟會為爾時中國唯一之革命政黨，而其組織實非完善，黨於黨員，不能收以身使臂臂使指之效，即亦不能深入群眾而領導之。黨員之賢者，篤於所信，其犧牲獻身之精神，足令聞者興起，而不可磨滅；然亦往往出於自動，而非黨的行動。知識階級以自由平等為一般倫理的要求，惟同盟會之疎闊簡明，能與適合，然猶不免於「機械」之疑，「專制」之謗，則近人所謂「鐵的紀律」，更難言之。故革命之形勢變更，而黨之弱點種種，遂不可掩，此亦可為後來之鑑戒矣。

余在南京時，與宋鈍初鬬於中央地方之建制，辯爭頗烈。宋主中央集權，余主地方分權。宋謂：「起義以來，各省紛紛獨立，而中央等於綴旒，不力矯其弊，將成分裂；且必中央有大權，而國力乃可以復振。日本倒幕，是我前師。」余謂：「中國地大，而交通不便，滿清末造，惟思以集權中央，挽其頹勢，致當時有中央有權而無責，地方有責而無權之譏，而清亦暴亡，則內重外輕，非必皆得。且中國變君主為共和，不能以日本為比。美以十三州聯邦，共和既定，即無反覆。法為集權，而黠者乘之，再三篡奪，我宜何去何從？況中國革命之破壞，未及於首都，持權者腦中惟有千百年專制之歷史，苟其野心無所防制，則共和立被推翻，何望富強？」宋謂：「君不過懷疑於袁氏耳。改總統制為內閣制，則總統政治上之權力至微，雖有野心者，亦不得不就範，無須以各省監制之。」余謂：「內閣制純恃國會，中國國會本身基礎，猶甚薄弱，一旦受壓迫，將無由抵抗，恐蹈俄國一九〇五年後國會之覆轍。國會且然，何有內閣？今革命之勢力在各省，而專制之餘毒，積於中央，此進則彼退，其勢力消長，即為專制與共和之倚伏。倘更自為削弱，噬臍之悔，後將無及。」宋終不謂然。（宋不得志於南京政府時代，然已隱為同盟會右派之領袖，以左派常暴烈，為社會所指摘，右派則較為穩健，以博時譽。宋入京時，多所結納，馬君武詆之，謂其賣黨於袁世凱。宋歸，于右任以其言告宋。一日宋、馬相遇於總統府，宋以是質馬，而遽批其頰；馬還擊，傷宋目。余與克強止其鬥。馬謂：「因不識鈍初政治之手腕，故有是言，鈍初誠願始終忠於黨，我甘承其過。」宋入病院，旬日始癒，同志莫不怪馬之鹵莽也。）

時各省都督，略有更動，江蘇莊蘊寬以有反對定都南京之抗議，蘇人乃復推戴程德全。江西以馬毓寶冗沓不治事，贛人迎李烈鈞而逐馬。（馬任都督時，贛省軍隊多洪江會黨。兵無一定軍籍，至輪月更替。馬為部下挾制，至一事不辦，李由湖北回贛，頗能刷新一切。）孫毓筠以不能統一安徽，黎元洪又助黎宗嶽，以與為難，皖人乃迎南京第一軍軍長柏文蔚返皖。蔣尊簋不安於浙，朱瑞亦以南京第二軍軍長資格返浙。陝西都督張鳳翽、山西都督閻錫山，初以兵敗棄職；及南北和議成，皆得復任。山東以孫寶琦之偽獨立，各屬仍多樹義旗者。南京使海軍護送閩滬北伐之師，從煙臺登陸，聲勢頗壯。顧克強推薦胡瑛為山東都督，節制陸海軍。胡本不能任大事，自湖北出獄後娶兩妻，復吸食鴉片，日學舊官僚之聲音笑貌，以自矜異。唐少川至南京，言胡有嗜好，使山東士民失望；於是袁世凱以其私人周自齊督山東，謂周故山東籍也。王芝祥統廣西北伐軍至南京。王機警，善應對，克強喜之，編為第四軍，以王為直隸人，欲使如柏文蔚、朱瑞。時唐少川已入同盟會，亦贊成此議；然臥榻之側，不容他人鼾睡，袁固始終拒絕也。余離粵後，民軍石錦泉等愈跋扈，陳競存使魏邦平執石殺之，王和順、關仁甫、楊萬夫等益自危，其黨羽四出謀去陳。先生之兄孫眉為所動，則偕黃仕龍等至南京。余察其言，不啻為反動派遊說，而先生亦前知王和順等之為人，戒兄眉勿受其欺。已而民軍擁戴孫眉之電報紛至，先生則自為電斥之，謂「素知兄不能當此軍民大任，毋誤粵局。」眉怏怏而去。而王和順、關仁甫遂反競存，以兵擊之，王、關輒先逸去。黃明堂、李福林、陸蘭清等諸部，悉附省政府，王、關途潰敗；其餘黨陸某竄據虎門，亦不數日而定。競存通電辭職，先生慰留之。競存乃推舉執信、仲愷、毅生、少白、世仲諸人，謂皆可使治粵。執信以為浼，走避香港。君佩等邀之返，競存亦不固執辭意，乃使仲愷至南京。歡迎先生返粵（時南北和議已定）。當時粵中各團體有推舉精衛督粵者，精衛方與吳稚暉、蔡孑民、李石曾等發起為「六不」會與進德會，自矢不作官，不作議員，對此殆以為不成問題也。

隨同總理遊歷武漢

余以中山先生平時的精神，訂定南京總統府薪俸至薄。自秘書長以至錄事，每人月領三十元，宿食則由政府給辦，亦一律齊等。滿清官僚氣習，掃蕩無遺。財政部亦在總統府內，陳錦濤不能堪，至謂余曰：「余為部長，不如前清之司員華貴多矣。」唐紹儀住總統府兩日，亦謂余曰：「大總統亦無特別之浴廁，固是異聞；而孫先生以二十年在海外之習慣而能堪，尤可異也。」由唐、陳一派人眼光觀之，固以為不免固陋，即克強等亦不謂然。時各省軍人往來蘇滬者，頗縱情聲色，以為英雄本色。當時剪髮易服，而社會漸趨奢侈，政客之獵官熱亦驟盛，故精衛與吳、蔡、李諸人思力矯之，「進德會」、「六不會」，皆由此起。（王寵惠獨反對之，謂人曰：「女子參政，男子進德，國家將亡，必有妖孽。」）吳、李久居法國，常與無政府黨人遊，而宗尚其主義。更得張靜江之助，於一九〇七、八年發行《新世紀》於巴黎，斥強權，尊互助，於各國政府，皆無恕詞。對滿洲更恣情毒詈，雜以穢語，使中國從來帝王神聖之思想，遇之如服峻劑，去其積滯。吳、李於民族革命，亦熱心致力，與後之高談「安納其」主義，不問政治是非者殊科。精衛與孑民、溥泉（按即張繼），亦漸有無政府之傾向；惟溥泉比較浪漫，不若精衛、孑民之通，而自然有節也。

南京政府既解組，余隨先生溯江而上，至武漢，見黎元洪。黎衣軍服，尚粗率，有軍人本色。與談政治，多不了解。叩其何以助黎宗嶽攻孫毓筠？則茫然莫對。蓋部屬所為，不必盡關白也。黎不通文史，饒漢祥為掌秘書，所撰函電，但求駢偶堆砌，多占篇幅，而紕繆不通，則在所不計，言之不能成理，則矯為淫啼浪哭，全博社會對於弱者之同情。唐少川（按即唐紹儀）至南京，商組內閣，以袁於陸、海軍、內務、交通等要職，悉位置其私人，參議院初不願同意，故旬日始定。而黎已一再通電促迫，至云：「元洪為組織內閣，淚竭聲嘶，乃言者諄諄，而聽者藐藐。」余既憎其無病而呻，尤惡其一心媚袁無所不至也。武昌同志私語余云：「黎初本以黨人強迫而出，終日惴惴。從前以一協統望袁世凱如帝天，袁出情甘為屈。第一次袁之使者來，黎竟謂：一切當如宮保意旨。袁既稍假以詞色，而賄收其左右，黎安得不奉令惟謹。天下惟諂人者能驕人，自北兵停止進攻以來，黎氏已不如從前之易與矣。」余察知黎渾渾而有機心，其縱部下以搗亂，正非無意。內既以孫發緒、饒漢祥輩為心腹，而孫武、劉成禺等，復以同盟會員顯樹異幟，為之張目。武漢同志雖知強敵當前，而組織散漫，步驟全無。黎既願藉袁之勢力，以排除異己，而有首義元勳與副總統之資格，乃袁求之不得之工具。袁所不敢頌言於當時者，輒使黎為嘗試，袁、黎狼狽為奸，其共同之目的，乃在反對革命。然章炳麟、孫武、劉成禺之戴黎為首魁者，方施施然以為得。余知巨憂所伏，不僅關係於武漢矣。

先生於武昌、漢口兩處，受群眾熱烈之歡迎。先生蒞會，俱為民生主義演講，大意謂：「同盟會提倡革命，以三民主義為旗幟。滿洲傾覆，民國成立，民族主義、民權主義俱有相當之成功；然於民生主義，則初未努力。中國大患，在貧與不均，革命以後，民眾實有莫大之希望，若舍是不圖，惟務少數人之權利，則非革命本旨，而民眾不堪其痛苦，將以第二次之革命為其要求。今當變革之際，推行平均地權各種政策，自較平常為易，必由此而後為真正之國利民福。」聽眾頗為感動。而孫武等則紛為傳單，反對先生，謂先生於此時乃主張第二次革命民生主義云云，不啻為武漢間流氓暴動之導火線。黎氏亦謂余曰：「武漢之局，方憂搖動不安，先生奈何言此？」余知其不可以理喻也。先生旋返上海，復為演說，如在武漢時。時有江亢虎、李懷霜等發起中國社會黨，名實至不相稱，望而知為小政客出風頭之首本。而同盟會重要分子于右任、陳英士所組成之《民立報》，於排滿革命時期，為黨機關錚錚之有聲者；乃敦用章士釗為編輯，對於先生民生主義之主張，表示反對。士釗於民黨本接近，惟以在日本留學時，太炎挽使入同盟會，士釗躊躇不果。民國元年始由英歸國，慚其落伍，遂標榜無黨以自高。為《民立報》編輯，不特不尊重同盟會之政綱與黨議，且時事譏彈，立異說，謂個人不黨，當如是也。於是戴季陶任編輯之《民權報》，鄧家彥任編輯之《中華民報》，皆與《民立報》對壘筆戰。同為民黨言論機關，而呈此種怪現象，則右任等之過也。

復任廣東都督

六月，余與仲愷等復隨先生到廣東。先生足跡不涉五羊城者十七年矣，粵人俱欲望見顏色，不止萬人空巷，先生亦極欣暢。與競存宴談於都督府，至夜始出。席間，競存詢余最近感想。余謂「共和國之主權在民，而人民之不識字者，實居大多數，更不知民主政治為何物，余欲專心從事社會教育，併為本黨宣傳主義。」競存笑謂：「君從何處得此優閒歲月？」余不知其指，亦漫應之耳。次日，余起牀稍晏，鄧仲元（按即鄧鏗）已候於門，謂競存有要事商榷，促余即往。余與偕入都督府，至客室書房，俱不見競存。仲元謂當在寢室，遂偕余徑入內，則執信在室，而仲元遽反扃其戶，始出競存所留書於櫝，則競存託詞養母，已宵行避於香港，余為之錯愕！仲元、執信皆言：「此時粵省一日無負軍民責任之人，可頃刻發生劇變，今此責全屬於兄，兄之從違，即為粵局安危所繫，余等計之已熟。」余謂：「先生不欲余出外國，欲余相從，余故擇定自己之事業，即昨為競存言者，我實不願再為馮婦；且競存方懲創不逞之民軍，使省政府日就鞏固，遽然易帥，尤非所宜；計莫如暫秘其事，兄等代為之理，而使人力邀競存復返，競存固不當此時局放棄責任，以鳴高尚也。」仲元謂：「競存此行，早有決心，我知競存除非粵局已有人負責，必不虛返。渠意無異以青氈故物相還，兄固執所見，不能成其美，彼此推讓，粵局且立僵，即能分謗於他人，亦復何益？兄所以責競存者，吾等正願以此相規。」執信謂：「此事最宜取決於孫先生，吾等一面部署內事，已一面使人走白先生矣，我料先生必從眾議。今日為黨，為廣東，兄皆不能存個人自由意見。」是日，文武職員會議於都督府，主張一致，先生則涖省議會為長時間演說，復至都督府，謂粵省關係重大，責余不得規避。余乃與執信、仲元約，以必邀競存返省理軍事為條件。執信親為往港，競存知余已復任，亦遂返省。

爾時袁世凱勢力未張，則貌為恭謹下士，對於民黨有名人物，輒側席以迎，而陰以聲色貨利陷之。余與精衛由鄂返，經滬時，唐少川出袁致余二人電，備極推重，聘為高等顧問，敦請入京。余怫然曰：「袁乃以為我輩亦可入其彀中耶？」擬即電責之，少川謂：「此事未必遂蓄惡意，置之不答已足，毋必予以難堪。」已而精衛以黨議北行，解散京津祕密組織，袁知之，使人闢清某王府，盛供張以迎。精衛過其門哂曰：「吾何用此渠渠廣廈為？」不辭徑去。而孫敏筠、胡瑛輩，則遂以是喪節賣身矣。

輯二、胡漢民先生傳
（節錄）

姚漁湘　原著

幼年家世

胡漢民，字展堂，原名衍鸛，嗣改名衍鴻，別號不匱室主。先世為江西廬陵縣人。祖𤫇三，父文照，咸為宦廣東，遂為廣東番禺人。己卯（清光緒五年西元一八七九年）十月二十六日生。年十三喪父。十五喪母。又迭遭一兄一姊兩弟之喪。（先生有兄弟姊妹七人，僅存其三，長兄衍鶚字清瑞，七妹寧媛，先生行四。）家貧，刻苦攻讀，出授生徒，時年僅十六。後肄業於菊坡書院，學海堂，治經史詞章性理之學，賴季考獎金以自給。與衍鶚同蜚聲文壇，先生尤才氣縱橫，辭鋒銳利，為士林所重。先生與史古愚、堅如兄弟交。又從王毓初，左斗山遊。以是知總理之為人。年二十，為《嶺海日報》編輯。二十三，鄉試中了舉人。

庚子（清光緒廿六年西元一九〇〇年）後，粵中新學漸興，先生飽讀書報譯本，以提倡新學自任。某歲元旦曾大書門外春聯曰：「文明新世界，獨立大精神。」見者多視為怪物。癸卯（清光緒廿九年西元一九〇三年）秋為某氏兄弟捉刀，使俱獲售，得金六千餘。

從事革命

壬寅（清光緒二十八年西元一九〇二年），粵督陶模，派吳敬恒帶領學生數十人赴日本學習速成法政，以一年為期，先生及詹憲慈、馮鴻若、周起鳳等，亦被派參加。時馮自由方留學日本，至橫濱碼頭迎接，馮導彼等至高野屋旅館，先生與自由談論時事，甚形歡洽。先生說：「余讀《新民叢報》多冊，久久莫知梁任公宗旨所在，及讀《新小說》載梁著《新中國未來記》，中有假托激烈派李去病問答辭一則，可知任公宗旨仍在民族主義，與其師康有為根本不同。」云云。馮答曰：「任公雖假托小說中人物宣洩其政見，然既稱為激急派議論，而仍聲聲歌頌光緒聖明（亦假托李去病語），可謂自相矛盾，吾人不可被其瞞過。」先生深以為然。

先生至東京後，入宏文書院速成師範科。是年五月，清公使蔡鈞不允送中國學生於日本學校，吳敬恒在使館抗爭最力，蔡乃請日政府以警察驅逐敬恒離日。中國留日學生胡漢民等數十人憤而歸國。

癸卯（清光緒二十九年西元一九〇三年）年，先生應梧州中學監督沈雁潭聘為總教習，兼主師範講習所，主講國文、修身等科。先生素擅辯才，思想新穎，議論風生，全校翕然宗之。有時談論時政，語涉激烈，則再三告誡諸生說：「現時官吏耳目眾多，文網周密，吾等議論時事，祇能宣之於口，萬不可形諸筆墨，致授人柄。」梧州知府程道源常以管學資格到學監視，每次來時，例必開道呼喝，且須開放中門迎接；沈雁潭厭其煩，特將興學上諭張貼中門，自後程來，門乃不開；程恨之。時有頑固紳士數人慫恿程道源解散中學。師範兩校；程默許。遂以提倡革命，詆毀孔孟，不敬上諭等罪名，指捏先生於兩廣學務處張鳴岐。兩校生徒憤程破壞學務，亦舉代表十人赴粵，控其玩視新政，蹂躪教育。程愈羞憤，竟電粵誣指學生代表為革命黨，請殺數人以平風潮。鳴岐乃調閱先生在兩校所授各科講義，覺無隻字與革命有關者。時岑春煊任兩廣總督，頗以興學自負，因嚴電程守稱：「胡某所編講義，查無一字與革命有關，該守何以昏庸聾聵，顢頇至此！著記大過一次。兩校仍應照常辦理，毋得率瀆。」等字樣。代表等以所控得直，遂回梧聽候復課。惟沈雁潭已於一月前調充桂林高等學堂監督，先生驟失奧援，知無可為，遂辭職返粵。學生亦相率退學，兩校為之一空。

先生歸廣州後，間助其兄編輯《嶺海報》。時《羊城報》記者莫任衡有「駁女權論」一文，先生因與女醫士張竹君相善，張素以提倡女權自命，先生乃訪《亞洲報》主筆謝英伯，相約擁護女權，同向《羊城報》反攻。甲辰（清光緒三十年西元一九〇四年），先生復長香山隆都中學，任職數月，適粵督岑春煊派學生至日本法政大學習速成法政，以二年畢業，先生於是二次東渡留學。時年二十有六。同行者有汪兆銘、朱大符、金章、陳融、葉夏聲等數十人。乙巳（清光緒三十一年西元一九〇五年）秋，總理從歐洲東歸日本，發起中國同盟會。先生至東京，即宣誓入會，任本部書記長，掌盟書機密。同盟會所設《民報》於同年十月二十一日出版，先生為編輯主任，始用漢民筆名。先生發揮革命救國之主張，與君憲派之《新民叢報》作劇烈的筆戰，立論超邁，風靡一世。

丁未（清光緒三十三年西元一九〇七年）春，總理被日本政府所逐。先生隨總理經新加坡，西貢，至河內，設軍事祕密機關。四月黃岡之役，九月汕尾之役，奉命至港，籌劃指揮。失敗後，復返河內，贊裡總理欽廉之計畫。十月我軍襲取鎮南關，先生隨總理赴前敵，會病甚，猶躬冒矢石，不少卻。總理離安南，令先生留守。戊申（清光緒三十四年西元一九〇八年）二月，先生策劃欽廉之役。三月又指揮黃明堂等克河口，守一月，復失敗。留河內兩月，從容收拾，潛渡香港，至新加坡，主持《中興報》。先生奔走庥坡、馬六甲、大霹靂、壩羅、太平、芙蓉、掛羅、比勝、庇能、坤甸、日里、緬甸各地，結合同志，宣傳主義。尋隨總理往暹羅。及總理不能在暹羅安居，先生隨總理返新加坡。己酉（清宣統元年西元一九〇九年）九月，先生奉總理命創立中國同盟會南方支部於香港，任為部長。先生日與趙聲、黃興、倪映典等圖謀在粵起事。庚戌（清宣統二年西元一九一〇年）正月，廣州新軍起義，倪映典陣亡，事敗。總理再至庇能，召集軍事會議。是年秋，先生與趙聲、黃興等往南洋各埠籌款。辛亥（清宣統三年西元一九一一年）正月，先生奉總理命在香港設統籌部，謀以廣東發難，使長江上下游響應。三月二十九日廣州之役，先生偕趙聲、黎仲實等入廣州，既登陸，則黃興等已先發，死七十餘人，城閉不得入，退回香港，與黃興等計善後，圖再舉。

廣東都督

八月武漢首義，黃興赴鄂指揮。時鳳山已伏誅，而朱執信、胡毅生，以廣肇屬民軍逼廣州城；陳炯明、鄧鏗亦圍惠州；廣東遂於九月十九日宣告獨立，各界舉先生為廣東都督。先生立軍政府，以兵授姚雨平為北伐司令。十一月，總理由歐洲返國，過粵，命先生隨行，先生慨然允諾，即以都督交副都督陳炯明代理。

民國元年一月一日，總理就臨時大總統職，任先生為總統府秘書長。四月，和議成，先生隨總理至武昌，經福建旋粵，復任廣東都督兼民政長；並為中國同盟會廣東支部長。是年秋，宋教仁等使統一共和黨、國民共進會、共和實進會、國民公黨、與中國同盟會合併，改組為國民黨。先生因力辭廣東支部長，不獲。

先生在都督任內，對於澄清吏治，地方自治，甚為注意。例如他說：「民國初成立時，兄弟曾管了一年多廣東的行政，這時大家的精神都很好，都勵精圖治，知道縣長的責任重大，不敢輕忽。當時原無所謂省政府會議，各省多採省長獨裁制，兄弟為集思廣益起見，每星期內，都召集省府同人，開一次會，商量種種，遇到某縣出缺時，便請大家選賢與能；可是大家往往搜索許久，搜索不出。不得已就找本府裡面各廳司長、科長、秘書等，供職多時，人品很好的，去承乏一下，以為其人總可靠了；那知結果還是不行，還是常常鬧亂子。當時只經察覺舞弊的縣長，兄弟毫不客氣，馬上把他撤銷；如果交代不清，罪情重大，立予逮捕，按法懲治。以為如此總可懲一儆百了，而效果依然不著。廣東九十縣，一年之中，平均每縣換了三次縣長，地方政績仍然無多起色，縣政之難，可想而知。」（《革命理論與革命工作》第三輯，二二〇—二二一頁，〈怎樣訓練縣長〉；——十九年六月二日立法院總理紀念週演講詞。）

當時先生對於人口的統計亦甚注意，例如：「民元兄弟在廣州，曾經做過統計全市人口的工作，那時所用方法很簡陋，不過叫警察去挨門逐戶的調查而已。我們告訴市民，只是死亡，或生養，或遷徙，必需要到警察署報告，隨時登記；假如不報，便要處罰。那知市民對於這些，終於不報，或是謊報。我們要盡查考的責任，便轉念到醫生身上去，因為病人要請醫生醫治，如果病人死了，醫生也該知道，就教他來負責報告。那知西醫比較開通些，肯於報告或證明；至於中醫，就不然了，他們怕人家宣傳病人之死是他醫死的，有礙他的營業，所以抵死不願多這件事。第一期《統計月刊》裡曾說到調查死亡人數的辦法，可以教棺材店來報告，知道全市每月賣出多少棺材，便可知道全市每月死了多少人了。這個辦法兄弟從前也用過，但是事實上依然碰釘子，直弄到許多棺材店通通關起門來，罷了棺材的市。我們只好取消那個辦法了。原來中國社會上的事情，真有許多奇奇怪怪，出人意外的，只沒有賣過棺材的人，誰也想不到賣棺材還是含著祕密性。這種賣棺材的祕密，不知他處如何，廣東是這樣，買棺材的經手人有一個揩油的規矩，多少總要揩些油；如果買的人一點不揩這種油，心理上便覺得不吉。棺材大概總是託親戚朋友買的多，自家人去辦的很少，店裡既利其多賣，親戚朋友又利其多油，於是這件事的祕密性便造成了。除掉他們當事人而外，如果有個第二者要尋根究底，他們惟有絕對的拒絕。因此我們調查人口的這一部分計畫便失敗了。棺材店因為反對我們這種調查而罷市，我們始而還堅持我們的辦法，到西江佛山等處去轉運棺材來，供給市內的需要。將來覺得長此下去，政府轉運棺材，公賣棺材，不是辦法，才取消了棺材店方面報告營業的命令。這是十八年前的社會情形，那時人民因為受足了滿清苛政的蹂躪，一切捐稅非常繁重，社會上各種行業差不多都用些不正當的辦法在那裡撐持著。所謂營業上的祕密性，也不僅棺材的營業有。調查戶口的調查員到人家去調查時，從各戶所得的答案，差不多總是十個人，一個也不多，一個也不少，市民簡直是約齊了用這一個數自來搪塞政府。他們以為這樣做法，不但早點打發調查員出門，免得囉唣，並可以使政府明知所調查的不確，便不至應甩那個結果去做什麼。因為大家生怕政府調查了戶口去轉人民的念頭，或是抽人頭稅，或是徵兵，或是其他意外的事情。總之以前政府對於人民的信用太差，人民的智識陋到不堪，這兩層便是中國一切新政推行不起來的總原因。」（同上第四輯六九—七〇頁，〈立法院最近的兩種工作——編訂民法總則與出版統計月報〉，十八年四月二十二日立法院總理紀念週演講詞。）

先生在廣東都督任內，還有一種創舉，就是注重男女平權與地方均權。例如他說：「兄弟民國元年在廣東時，省議會裡有十個女議員，這可說是中國的創舉，各省都未曾有過的。當時省議會議員共須一百二十人，一時選舉召集不易，便由同盟會中選出二十人，一半男，一半女；其餘之人，一半由省城舉出，一半由各縣共同舉出。於是一百二十人所代表的，有黨，有地方，有社會上各種階級，甚至女議員便代表女子。」（同上五〇〇頁，〈我們立法要具有建設革命的精神〉，十七年十二月二十四日立法院總理紀念週演講詞。）

討袁護法

民國二年三月二十日，袁世凱刺殺宋教仁於上海。四月二十六日復借外債三萬萬（合英金二千五百萬鎊）。先生乃與江西都督李烈鈞，安徽都督柏文蔚，嚴電抗爭。六月十四日袁世凱遂以廣東都督職餌陳炯明繼任，而使先生出為西藏宣慰使；先生不受命。七月十二日李烈鈞在湖口宣布獨立，興師討袁。十五日黃興獨立於南京。總理召先生至滬，主持討袁。七月二十九日黃興棄南京。先生乃從總理離滬，由臺灣至日本。

民國三年七月八日，總理改創中華革命黨於日本東京，自為誓約，使先生監誓；並任先生為本部政治部長，主編《民國雜誌》。四年秋，總理命先生往小呂宋，鄧鏗往南洋，籌餉討袁。朱執信圖粵。居正赴魯。陳其美主持滬事。其美於十一月十日，殺鄭汝成於上海。十二月五日襲肇和軍艦。先生奉總理命駐滬，策動一切。五年六月六日，袁世凱死。七日黎元洪繼任總統。總理命先生偕廖仲愷赴北京視察。六年夏，段祺瑞令督軍團作亂，解散國會；總理命先生促粵、桂獨立。七月一日張勳擁溥儀復辟。十七日總理率海軍南下，倡護法。八月二十五日開非常會議於廣州。九月一日非常國會選舉總理為大元帥，先生被任為交通部長。會朱慶瀾去職，廣東省議會舉先生為廣東省長，辭不就。七年，先生與程璧光等謀取兵二十營，使陳炯明為援閩粵軍總司令。未幾，廣東內部起政變，海軍總長程璧光遇刺；莫榮新囚陸軍總長張開儒於觀音山之鎮海樓，國會為岑春煊、陸榮廷與政學會等所劫持，改大元帥制為總裁制。先生乃隨從總理去粵。八年二月，南北代表開和平會議於上海。先生代表總理出席，力主恢復國會。五月和議破裂。九年，先生在滬編輯《建設雜誌》。是年冬十一月，粵軍回粵，魏邦平、李福林、陳德春以其師應之，先生隨總理蒞廣州，復立軍政府。十年四月七日，國會非常會議舉總理為非常大總統，先生任總參議。十一月總理北伐，督師桂林，先生任大本營秘書長，文官長兼政務處長。陳炯明阻撓北伐，與遠相勾結；使趙恒惕阻北伐軍入湘。十一年三月二十一日，鄧鏗由香港回省，突於廣州車站為人狙擊，卒因傷重而死。北伐軍鑒於出師數月，陳炯明毫無接濟；復陰懷異志，反狙擊本軍恃為接濟的鄧鏗，（鄧鏗字仲元，梅縣人，為粵軍參謀長，兼第一師師長，選一師勁卒六百人為總理總統府衛士，並向供給餉械不缺，深為陳炯明所嫉。）群情憤憤；遂於三月二十六日，在桂林大本營開會議，從先生主張，總理遂決計回兵。四月十六日，大軍全部到蒼梧。其時陳雖派廖仲愷來梧迎接，總理憤恨已極，欲將陳之總司令、陸軍部長、內政部長、省長等職，一概免去。先生以為：「操持過激，恐生變動，不若先將陳之內政部長，及省長的職免去。」於是，十九日總理乃下令免陳之內政部長、粵軍總司令、廣東省長等職，著其專任陸軍總長。（《總理年譜長編初稿》第四冊五十七歲民國十一年）總理乃改道北伐。五月六日先生從總理至曲江督師。六月一日總理令先生留守曲江大本營，自己回鎮廣州。六月十三日，我軍克贛縣。十六日，陳炯明叛變，總理先後登楚豫、永豐各艦，率艦隊討伐陳炯明。時先生方留守大本營，聞變馳赴贛縣，促許崇智、朱培德、李福林等反攻曲江，不克；與許崇智軍走江西、福建。

主持廣東政務

民國十二年一月十五日，討賊軍克復廣州，總理任先生為廣東省長。而沈鴻英受政學會的嗾使，由岑春煊向總理表示服從命令討伐陳炯明：暗受北京廣東督理之命。更晉省盤據官署，佔取稅收，圖謀不軌。一月二十三日下午，各領袖在大沙頭李烈鈞參謀部長處，開治安及軍事會議時，沈鴻英即乘機襲擊譚啟秀與梅萼鄒於觀音山。更利用陳炯明「客軍入境廣東亡省」之言，以煽惑滇軍，謂：「魏邦平將聯合廣東軍隊，解決滇桂軍及伊軍，非誘擒之不可。」楊希閔一時為其所惑，乃用楊希閔、劉震寰二人名義，約胡先生、鄒魯、魏邦平、陳策等，到江防司令部楊少軒旅部，開地方善後及追擊敵軍會議。屆時楊希閔稱病不至，沈鴻英及其部將李易標、劉達慶、黃鴻猷、陳天泰悉來，且皆背負駁殼，衛隊亦較平時特多。江防司令部四週，更密布步哨。無何議開，沈等故與魏爭，倏由劉達慶陰在魏邦平之後，握其兩手，陳天泰即用背負之駁殼，直向魏擊。同時沈鴻英、李易標、黃鴻猷及所帶衛隊，分向胡先生、鄒魯、劉震寰猛擊。胡先生急避下樓，隨而下樓之衛士均死。鄒魯避入楊如軒旅長臥房，楊正伏地避彈。劉震寰逃入後座。陳策則跳樓受傷。初沈之惑滇軍，祇云：「擒魏邦平一人。」是滇軍見沈等欲死魏邦平，且欲並胡先生、鄒魯、劉震寰等而殺之；乃恍然於沈別有陰謀。立即由楊如軒、夏聲出而保護說：「有殺害省長胡漢民，特派員鄒魯者，不能出此門。」復由楊如軒、夏聲親帶衛士，保護胡先生、鄒魯出險。魏亦由楊希閔留於滇軍中。胡等至省署，適楊希閔部下劉玉山聞變來慰問，劉玉山親以所坐汽車，掛有桂軍標幟者護送。沈偵得胡等必回大沙頭寓所，且所坐汽車，係掛有桂軍標幟者，即密令在長堤官紙局所駐部隊，預備機關槍截殺之。不多時，一掛桂軍標幟旁立衛士甚盛的汽車，過官紙局，沈部乃如密令，突開機關槍數架亂擊，衛士及車中人俱立死，視之，則坐車中者，乃沈部軍長劉達慶，及參謀長黃鴻猷。可謂巧極！是役之變，原政學會使沈以捕魏邦平，惑楊希閔乘機謀殺胡先生、鄒魯、劉震寰等，使滇軍對於總理無以自解，不能不聽其要挾，共降北京。事變後，先生赴香港，留胡毅生代理省務。二月廿一日總理既回粵，任先生為大本營總參議。改組中國國民黨，先生奉命至滬，與廖仲愷等為籌備員。

民國十三年一月廿日，開第一次全國代表大會於廣州，舉先生為中央執行委員會委員，任上海執行部組織部長。總理有疾，召先生回，任中央執行委員會常務委員，政治會議委員。廣州商團圖抗政府，總理任先生為廣東省長，仍兼大本營秘書長。九月，總理督師北伐，以先生留守，代行大元帥職權。十月，先生以省長名義，繳商團械，全市復業。十一月十二日總理北行，授先生以北伐及征東江方略；並令先生代理政治會議主席及軍事委員會主席。

十四年一月，陳炯明西犯，先生等於二月一日下動員令率師東征。三月七日黨軍粵軍已定潮、汕。三月十二日，總理逝世。廿二日先生等八人通電在國民會議未實現合法政府未成立前，繼續完成革命的工作。三月廿四日，我軍佔領梅縣。五月，代行大元帥職權胡漢民發表宣言：誓遵故大元帥職權與惡勢力奮鬥，實現地方自治以固國基；反抗帝國主義，完成中國自由平等等語。

潮、梅底定後，我軍方謀轉師肅清惠陽之敵，孰料是時滇、桂軍楊希閔、劉震寰兩部，竟與北京政府及東江陳逆相勾結；並通款於雲南唐繼堯，共謀顛覆革命政府。楊、劉兩軍於五月中旬即開始軍事行動，滇軍集中廣州，桂軍由東江調赴北江，皆自由行動，不復關白政府。六月四日，更公然佔領廣東省長公署，財政部等機關。大本營遷至河南，命李福林據守河岸。先生下令免滇軍總司令楊希閔桂軍總司令劉震寰職，並檄調黨軍粵軍與譚延闓、朱培德等師平亂。六月十三日，亂平。

七月一日，國民政府成立，先生任常務委員，兼外交部長，仍代理政治會議主席。

共黨把持赴俄考察

先生為人剛正，處事精當，而且處心積慮，惟以黨國為前提，有忠於黨國者則獎勵之，不忠於黨國者則屏斥之。惟其如此，是以總理倚畀特殷，而反革命派忌之益甚。蓋知破壞國民黨，非先排去胡先生無從著手。鮑羅庭與嘉納罕藉總理容共，欲進而握國民黨黨權，以胡先生在，不能遂其欲，於是勾結反覆無常的變節黨員汪兆銘，思以汪代胡。汪自知不能見重於黨中，然與其婦陳璧君俱富於首領慾，鮑嘉兩人窺其隱衷，遂於北京介紹汪兆銘加入共產黨，改名汪季新。陳璧君同時入黨。汪並蒙共產黨舉為第三國際秘書長，兼中國共產黨顧問。（民國十六年七月上海《工商日報》曾在日本方面搜得共產黨秘件揭刊）於是汪兆銘遂一躍而與陳獨秀（中國共產黨首領）並足，且超乎徐謙（中國共產黨北方部長），鄧演達（中國共產黨軍事部長），陳公博（中國共產黨經濟部長），諸人之上。當時共產黨之加入國民黨者，有明暗兩派，明者有李大釗、路友于、于樹德、譚平山、高語罕、楊匏安、吳玉章等，較為著名；暗者為汪兆銘、陳璧君、陳公博、林祖涵、徐謙、鄧演達、李章達、孫炳文等，是其著者。其他如陳孚木、徐天深、王志遠之輩，則推波助浪，甘為奴役。於是共產黨與準共產黨之努力，日益膨脹。鮑羅廷、嘉納罕、汪兆銘定計，欲斥逐國民黨內中堅份子，而盡易以共產黨黨員。於是乘削平劉楊之後，改組國民政府，盡奪胡先生政黨之權。於是國民政府及軍事委員會，舉汪兆銘為主席，以先生為外交部長。以為先生必不就，誰知先生竟安然受之，欲逐先生等而無由。乃藉朱卓文的衛隊陳順槍殺廖仲愷之案，妄與大獄，捕胡青瑞，緝胡毅生，囚林直勉。當時汪兆銘原欲乘紛亂之中殺先生，會先生已由衛兵翼出，直奔黃埔，安居軍校，得今總裁（時任黃埔軍官學校校長）之保護。於是九月乃有遣先生赴俄考察政治黨務之舉。（《胡漢民先生過越彙紀》六，南圻《華僑日報》歡迎胡漢民先生專號外之特載朱和中與胡漢民先生〈遊俄八個月之回想〉五八—五九頁）先生等於九月二十二日自黃埔乘俄船蒙古蓋啟行。同行者有其女木蘭，國民政府秘書長李文範，先生副官杜成志，先生秘書朱和中。十月四日抵海參崴。十月六日自海埠登車，十二日抵赤塔。二十八日抵莫斯科。

西山會議為汪兆銘排擠老同志激成之反響。故汪兆銘以西山會議為絕好之良機，藉以獨攬黨權。而俄人則以陰謀敗露，兼知國民黨尚有反抗的能力，遂抱不安。於是由加拉罕促使李大釗致電胡先生，請其電勸戴季陶、鄒魯、張繼、林森，請其保全黨的混合。正議論間，而俄報已宣傳汪兆銘以黨的名義，懲罰諸人矣！[1]

西山會議既兆國民黨清共；同時亦召俄國內訌。是時恰為俄國共產黨第八次全國代表大會。於是兩派乃互角勝負，其對抗首領為辛羅維那夫與史達林；藉口的目標，當然不能提出中國問題，然已包含其詞。辛羅維耶夫說：「『俄國蘇維埃為世界革命之基本，蘇俄之能存在與否？以世界革命之成功

1　自西山會議發生，俄國共產黨內部，亦分為兩大派；大多數深怪鮑羅廷，謂中國革命黨可望成功，豈可令其分裂？主之者為辛羅維耶夫、托洛斯基、卡門涅夫，及孫逸仙大學校長賴得克，與日本人片山潛；其他一派則完全運用陰謀，不顧世界革命成功與否，更不計中國革命的成功與否，惟以吞併中國破壞中國的民黨為目的，主之者為鮑羅廷、史達林等。而汪兆銘又復甘為張邦昌、劉豫之續。於是國民黨寧漢分裂之禍以起。而俄國共產黨，遂為大陰謀家史達林所獨佔了。

與否為斷！』故應以全力促進世界革命為要。且促進之步驟，應按各民族固有之特性而漸進，萬不可削足就履，致令蘇俄反為破壞世界革命之罪魁；吾人在德在義在土波諸國，亦既飽受失敗經驗！萬不可以此失敗，再演於東方。」史達林說：「蘇俄今日業經鞏固，不需他國，應以全力求其發展。蘇俄之實力強固，乃能導領世界革命。至於世界各國之革命，屬於蘇俄之嫡系者，應扶植之；非蘇俄之嫡系者，應排斥之，消滅之。蘇俄應創成一大一統之世界革命；然後能消滅一切帝國主義之國家，尤其不可使各民族有獨立之個性存在。」此兩人的論調，各有所偏。然俄國人民方受新經濟政策之灌溉，以發展己國，與自己有利。且大一統的世界革命，又適合其虛榮心。因之軍政當局，均贊成史達林說。由人民委員長賴柯夫發布一篇論斷文，袒史達林而抑辛羅維耶夫。爭論之際，辛羅維耶夫欲得貧農的同情，謂政府不應不扶植貧農。史達林欲得中農的同情，謂黨政府扶植農民政策，在令由貧農以進於中農，不應裁抑中農，使成貧農。辛羅維耶夫勢力在列寧格勒的工人，史達林勢力，在莫斯科的工人，各施其宣傳的手段；然史達林有政府之助，辛羅維耶夫卒為所屈。且政府隨即免卡門涅夫衛戍司令之職。時脫落思基早知其爭將起，乃於其開會之頃，預避鄉中。其後再接再厲，辛羅維耶夫、托洛斯基、賴得克諸人，被囚於西比利亞。史達林與額柯夫又復互相爭鬥，於是俄國成為史達林私人的產業。

民國十五年一月本黨二全大會，仍選先生為中央執行委員。二屆一中全會又選為中央執行委員會常務委員。又兼政治會議委員。

三月十三日，先生等由俄起程歸國。二十五日抵海參崴。海參崴的外交代表范斯亭，日日招待先生等參觀兵營、野操及學校、法庭、報館、戲劇等項，以資消遣。四月四日，范斯亭來寓，云有密語告知，據云：「國民軍已敗，北方無可為，赤俄將以全力助廣東。因此嘉納罕將密來海埠。請胡漢民不必定要乘十三日之船。」四月十一日晨，范斯亭來寓，云「接來嘉納罕轉來廣州中央執行委員政治會議命令一件，電為俄文，並非漢文，且無密碼。電文云：中央執行委員會於五月一日開會，胡漢民應回莫斯科，另有重要宣傳。」范述畢，且曰：「此為命令，予以為不可不遵！」電文既已離奇，范語又帶恫喝，生生遂勃然道：「遵與不遵，自在我，何關汝事？」十六日，赤俄東方監察委員長苦必亞克來謁先生，自攜一遠東大學華文教授作舌人，苦必亞克說：「予曾經上海與天津，該處對於國民黨逮捕甚嚴，於國民黨黨員甚危險；於胡漢民尤為危險！」先生說：「懼危險者，非革命黨也！吾輩出生入死，二十餘年，何懼？」（以上見同上五八—七六頁）十九日船行，廿九日抵粵。回粵以後，鮑羅廷極力排擠先生，嗾使共產黨徒陷害，先生遂離粵至滬，從事著作翻譯。[2]

2　民國十四年，總理逝世後，共產派之氣燄日盛。至廖仲愷被刺後，所謂左右兩派之傾軋，日趨激烈，右派重要分子，多失勢離廣州。十一月右派之中央執行委員會，集於北京，在西山總理靈前開第四次中央執行委員會，議決：取銷政治委員會，開除共產分子在國民黨之黨籍，解除鮑羅顧問之職。廣州方面，以西山會議，不足法定人數，其議決無效。因在廣州，另開第四次中央執行委員會，議決：於十五年元旦，召集第二次全國代表大會。居期，大會議決：將參與西山會議各員，分別加以懲戒。（見李劍農著：「最近三十年中國政治史」六二六頁）

出國考察

民國十六年三月，國民革命軍克復東南，先生與中央各負責同志決定清黨計畫。四月，開始清黨。十八日，定都南京，推先生為中央政治會議主席，國民政府主席，軍事委員會常務委員及中央宣傳部部長。八月，赴滬。

十七年一月二十五日，以國民政府之命，先生與孫科、伍朝樞，往歐美考察，宣傳國策，敦睦邦交；並努力於取消不平等條約。如《德意志公報》記者斯特萊威，曾往訪先生，詳叩中國近狀，該報當日發生之談話云：最近歐洲報紙對中國政治軍事領袖間暗潮之記載，實係言過其實，各領袖對於新政府克復各地之設施，與中國之建設，意見雖或略有不同，但政府業已十分穩固，絕不至因此小事而有動搖。中國之中央政府，決設南京；除此之外，絕無其他政府存在。現在中國之中央政府，係由中國唯一無二之政黨國民黨出而支持，俟訓政期畢，人民有普遍之政治智識，即制定憲法。……且在憲法未制定以前，尚須各種鉅大之組織指作，及人民之政治訓練。北平既下，中國革命之第一期，可算完畢。……但將來裁兵，一定實現。……中國決定都於南京，南京雖易受外來艦隊之襲擊或威脅，但絕不因是而被選為國都之南京受打擊。新中國為保護中國及國權之正義，當然不久即有準備；且現在中國即將實行徵兵制，吾人又何懼外來之襲擊？列強承認國民政府問題不關重要——北平既下，中國十八行省，皆在國民政府治下，前政府之各種行政權，當然移諸國府。故中國現在只有一個政府，列強若欲保持昔日之關係，已不可能。列強之外交代表，將來必移往南京。就實際之理由講，當然不反對外國使館暫在北平也云云。（《胡漢民先生過越彙紀》（五），〈南圻《華僑日報》歡迎胡漢民同志專號選錄〉，三七—三八頁，〈胡漢民同志在歐言行一斑〉）又先生在英國倫敦歡迎會上作簡短演說，釋明國民黨政，力言中國人民渴望修改不平等修約；謂修改之後，中國與各國提攜協作，必能彼此大蒙其利。張伯倫於此曾表示最大之善意，良可感念。翌日，先生赴英商界里資之歡宴，復有演說，略謂：「世人心目中所見之革命，今已告終；中國所處之地位，乃欲請他國合作以實施其建設計畫，世人不應再視彼等作革命家，當視為建設者。中國之革命運動向在一九一一年以前，當時有思想者咸認為處滿洲政府下，不能謀進步，故不得不推翻之。一九一一年雖能推倒清廷，因被軍閥阻撓，仍未能實行建設計畫。今國府已能統轄全國，急欲與鄰邦協作，增進商務，開發國土。彼欲損鄰以肥己，終必致害人自害；惟能求各民族彼此有利，方可咸蒙其益。中國與土耳其號稱兩病夫國，然當歐戰時，中國加入協約，反未能修改不平等條約；土耳其處敵人地位，而戰後竟已取消束縛。中國地大人眾，商務之機會極巨，此時歡迎友邦人士攜手合作」云云。（同上三八—三九頁，〈胡漢民同志在英下院之演說〉）又先生與孫科臨行之告別書云：「聲明國民黨今日，非復為中國一小黨，已能代表中國。前此四十年來為國民奮鬥，反對國人之欲損害公眾僅圖私利者；反對鄰邦人士之誤用長劍利砲所贏得之特權，而永陷吾人於政治經濟奴隸地位者。此種政治經濟之束縛，再令其桎梏吾民，決非吾人之所願。故吾人所抱定之宗旨，乃求吾國人民與世界諸大國處於同等地位。此行承英政府待遇優渥，無時不銘感於心，歸國之後，將益信英政府對於中國政府之善意與好感；而承報界之優待，尤可欣感。敢謂他曰英國中國撤消不平等條約後，有此類社會及經濟生活上和睦之事實，能使兩國邦交上，已往歷史所生之不良影響，迅速消滅，而啟共同興盛互相尊敬之新時代。」（同上三九—四〇頁）

北伐完成，先生在巴黎電達國府，請依總理手定革命程序，開始訓政，設立五院，實行地方自治。關於訓政方面，曾作有訓政大綱提案說明書，其中主要包含二部分：一為政治會議綱領，一為國民政府組織綱領。此提案有須為原則上之說明者四，有須為制度上之說明者五。關於原則上之說明：一為應世界之環境國民之需要；二為訓練人民之政治能力；三為訓政之責任在明示黨與政府之關係；四為從革命過程之所經階段。關於制度上之說明：一為政治會議，二為國民政府組織綱領之全部精神，三為立法院與其他各院，四為總理五權憲法，五為考試監察二院之職權。（《革命理論與革命工作》第三輯一一一—一八，〈訓政大綱提案說明書〉，十七年八月由歐洲歸國作。）

九月先生回國。十月八日中央執行委員會常務會議選任先生為國民政府委員，兼立法院院長。其在立法院的貢獻，擬定立法院工作六年計畫，先後完成各種法規。其立法的主張：是今後立法的嚴與速（同上第四輯一—四頁，十七年十二月五日在國民政府立法院院長人員就職典禮答詞），三民主義立法精義與立法方針（同上四—二三頁，十七年十二月五日為立法院成立作），我們立法要具有建設革命的精神。（同上四七—五二頁，十七年十二月二十四日立法院總理紀念週演講詞。）

民國十八年三月，第三次全國代表大會開會於南京，舉先生為中央執行委員會委員。三屆一中全會舉先生為中央執行委員會常務委員。五月六日第三屆中央常會第八次會議又推先生為政治會議委員。是時共匪潛滋於江西，先生主張圍剿；且倡議整理軍隊，使分負國防與綏靖地方之責，以期消弭內爭，均不獲行。不幸內戰相繼而起，兩年之間，迄無寧日，而共匪亦以坐大。十九年春，先生於國務鞅掌中，廣搜總理遺著，編纂成書，定名為《總理全集》，而總理之著述始備。五月，因簽訂中日關稅協定，不經立法院認可，先生以其與中東路交涉，如出一轍，即嚴予質問。

從事著作

二十二年，創辦《三民主義月刊》，專以抗日剿共澄清政治為務。二十三年春，南京中國國民黨中央執行委員會黨史史料編纂委員會所編《總理年譜長編初稿》油印本出，致書就正於先生，先生以其有外誤，未能悉改。爰有徵集革命史料，手訂總理年譜之志；人事傚擾，重以多病，卒未成。九月，創辦仲元中學校於廣州，任董事長，期以鄧仲元（鏗）的革命人格，作育青年。

病卒廣州

民國二十四年六月，先生赴歐療養。十一月，中國國民黨第五次全國代表大會舉先生為中央執行委員會委員，電請回國，主持大計。十二月五屆一中全會，推先生為中央常務委員會主席。先生以抗日為不可稍緩，遂於二十五年一月力疾言旋。不圖歸國以來，外力日見伸張，先生益憂憤。五月九日，先生應陳融（先生妻兄）邀飲，四時左右赴陳宅，談笑自如。晚飯食量亦如平常。飯後食水菓少許，約陳之西席潘景夷下象棋，第一局先生勝。稍息後，與潘繼奕，次局佈竣，調子以後，局勢先仍先生勝，先生以象角馬跳槽過河，強臥敵槽，一面回營調至河口；同時驅車過河，再起伏槽之馬，迫出敵帥；橫河車壓當道，擬卒食敵馬而收全局之勝。不防車趨臨頭以後，敵方迹象角，伏有一砲，即提填入士角。致先生無法招架，食馬雖有可能，然非棄車不可。以一著之差，全盤頓成輸局。先生苦思，一聲長吁，腦遂溢血。（又據某君云，先生在病犯前，與之對弈者，並非潘景夷，而為政會某秘書。但北平《實報》則謂為粵名教授石光瑛，且謂光瑛以桐城派古文名粵中，雅好像弈，棋品清高，與先生相知有素。姑並誌之，以廣異聞。）

晚八時，在顯園突然暈倒，經醫生診治，認為右側腦溢血。十時許先生神志略趨清醒，似自知不起，遂召蕭委員佛成，陳總司令濟棠、鄒委員魯、林主席雲陔、楊熙績、陳耀垣、張任民、王季文、陳融、林翼中、劉紀文、黃季陸、陳嘉祐、及胡夫人、胡木蘭、胡毅生等至榻前，口授遺囑，使蕭委員筆記之，其詞云：

余以久病之軀，養病海外，迭承五全大會敦促，力疾言還。方期努力奮鬥，共紓國難，詎料歸國以來，外力日見伸張，抵抗仍無實際，事與願違。憂憤之餘，病益增劇，勢將不起。自維追隨總理從事革命三十餘年，確信三民主義為唯一救國主義。而熟察目前情勢，非抗日不能實現民族主義；非澄清政治不能實現民權主義；非肅清共匪不能實現民生主義。尤盼吾黨忠實同志，切實奉行總理遺教，以完成本黨救國之使命。切囑。

蕭佛成於病榻前筆記

陳濟棠　鄒魯　林雲陔　楊熙績　陳耀垣　張任民
王孝文　陳融　林翼中　劉紀文　黃季陸　陳嘉祐
胡陳淑子　胡木蘭　胡毅生

中華民國二十五年五月九日午後十一時（胡氏遺囑影印本）。

至十二日下午七時四十分卒，享年五十八歲。自十三日起全國一律下半旗三日，並停止娛樂宴會，全體黨員一律左臂纏帶黑紗三日。由中央執監委員會電唁胡主席家屬。下星期一，各機關紀念週時應舉行默哀三分鐘儀式。國內外各地黨部應召集當地機關團體籌備舉行胡先生追悼大會。是日大殮。六月十七日國民政府明令褒獎國葬，其詞云：

國民政府委員、前常務委員、立法院院長胡漢民，翊贊總理，倡導革命，豐功偉烈，中外同欽。乃因罹疾逝世，國喪元勳，民失師保，追懷往績，允宜特予國葬，以昭尊崇。茲派居正、蕭佛成、孫科、許崇智、孔祥熙、葉楚傖、林雲陔、劉紀文、區芳浦、陳協之、胡毅生為國葬典禮籌備委員，著即依照國葬法組織辦事處，在廣州擇定葬地，敬謹舉行。所有一切飾終典禮，務極優隆。其國葬費用及紀念建築物，即由該委員等擬議呈核施行，用示國家崇德報功之至意。此令。（見《胡先生靈櫬奉移專刊》）

七月十三日，先生靈櫬葬於廣州城東的龍眼洞獅嶺斗文塱。

思想與著作

（一）政治主張　先生對於政治的主張，第一主張革除舊日之弊端，例如他說：「做黨政工作的人，近來有兩大毛病：一是遷就事實，一是瞻詢情面，非痛加革除不可。」（《革命理論與革命工作》第三輯〈什麼是監察院的職責〉，十八年九月十六日立法院總理紀念週演講詞。）又說：不廉潔的政府，無效能可言。（同上一三六—一四一頁，十八年九月三十日立法院總理紀念週演講詞。）又說：「澄清吏治與厲行監察制度。」（同上一四一—一四九頁，十九年十月二十七日立法院紀念週演講詞。）又云：「政府行不行，起碼的標準，是廉潔不廉潔；能廉潔才不腐，一切措施，才有效能可言。」（同上一五一頁〈監察權之意義及其運用〉，二十年二月十六日國民政府紀念週演講詞。）

又對於官吏之腐敗，罵道：「目前有許多機關裡的人，據兄弟看來，實在太奇怪了！說他們的是在那裡革命吧，那他們的精神太不夠，未免辱沒了『革命』一個名詞。然則他們在那裡究竟幹什麼？做著何等人物呢？真莫名其妙了！若謂是腐化的官僚吧，何以在黨治之下會有這種東西？這一層我們同志該細細地想想。我們自己覺得所謂黨治的責任太重了！工作太大了！即使真正做到人家的所謂官僚，工作上還難奏全功，何況照現在的情形，有些人連官僚都做不到，而祇做些腐化份子呢！」（《革命理論與革命工作》第三冊第五輯一〇四頁〈肅清黨治下的一切腐化份子〉——十八年八月二

十六日立法院總理紀念週演講詞）

第二主張推行地方自治，例如他說：「說起『地方自治』四個字來，一般人覺得很平淡。其實他的關係卻非常重要。尤其是我們中國國民黨的同志，現在正做著政治工作的人，對於地方自治的意義，都要有相當的認識。總理對於地方自治的道理和辦法，都講得很明白，『建國大綱』中最注意的地方是第八條至十八條，完全就是規定如何實現地方自治的。總理在『建國方略』的序文中，對於地方自治也說得很明瞭。他說：我們要使民族存在，要達到民權民生的目的，必須實行地方自治。總理對於地方自治，十分重視！」（同上一六二——一六三頁，〈大家應該趕緊努力的三件大事〉，十八年六月二十七日在中央無線電播音臺演講詞。）又說：「省政府的責任最要在促進地方自治。」（同上一九〇——一九四頁十七年十一月十二日江蘇省政府委員就職典禮訓詞）怎樣做到以黨治國與何以要完成地方自治；（同上一九四——二〇六頁，十七年十二月十四日五省民政會議講演辭）推行地方自治是建設國家的礎石（同上二〇六——二一二頁十九年一月二十四日央黨部招待內政會議代表訓詞）；怎樣訓練縣長（同上二一八——二二四頁十九年六月二日立法院總理紀念週演講詞）。

第三主張政教合一。先生說：「我們今後不僅要著重政治，並且要著重教育。有許多事不是單單政令所能收效的，必須將政治與教育融合起來。不要政治是政治，教育是教育，彼此不發生關係。政教合一的道理，本不是幾句話可以講明白的。但是訓政時期，大家都應該體會到訓政的『訓』字，作何解說？有何意義？推行訓政，分明是一種教育作用。這句話就是政教合一的最簡單的說明。大家只要對於『訓政』二字一經顧名思義，便能瞭然我們今後的政治是必須與教育合一的了。政與教，在兄弟看，不過形式上有些不同，凡是方式多含硬性的，便是政；如果溫和些，不拘什麼一定的形式的，便是教。……現在我們既然實行黨治，黨是負著訓導的責任。『以黨治國』這句話，換言之，就是『以教為政』。那麼『政教合一』一層，還成什麼問題嗎？（同上一七一——一七二頁，〈自責即自救自救即救國〉，十九年二月三日立法院總理紀念週演講詞。）

第四主張黨政軍連合，他說：「兄弟以為黨部斷斷不能幹預行政。因為干預行政，政府，黨部就變成了雙重衙門。黨部的責任，祇在深入民間，去指示人民，領導人民，以輔助政府之所不及！反而言之，政府應該深明黨的主義，服從黨的政策，客觀的認識中國的需要，遵從上級政府的命令。有許多事情，政府確因時間空間的限制而不能舉辦；但是黨部不能借此為攻擊政府的材料。同時，黨部急求速效，希望早日解除人民的痛苦，完成國家必要的建設；政府也不能以此為詆毀黨部的根據。現在我們工作最低的限度，就在實行地方自治。要達到此目的，必須黨、政、軍在三方面協同一致，通力合作。」（同上一一一頁〈推行地方自治是建設國家的礎石〉）

（二）外交主張先生對於外交的主張，第一他說：我們外交上，要時時刻刻牢守著根本政策，根本政策，就是廢除不平等條約以求得中國之自由平等。（同上第三輯二〇頁，〈什麼是我們外交上的根本政策〉，十六年七月十八日中央黨部第八次總班紀念週報告。）第二曰：「我們還要曉得：俄國外交向來是脫線的，不走正軌的，往往一下子緊張得厲害，一下子又和緩得和沒有事一樣，我們不必受它這些情形的影響。無論它在外交上的變化怎樣，我們看帝國主義和軍閥一例。是有始終一貫的主張，非予以打倒不可的。我們祇循著我們的主張，堂堂正正地做去，為國家爭主權，為民族求生存，在自衛範圍以內絲毫都不放鬆，任何犧牲都不辭！誠篤，和平，我們民族的優點，是我們民族的優點，我們要保持不失。我們不轉正誼以外的念頭，我們不戴假面具向人。同時對於任何國家，無論是承襲帝國主義者以前的老辦法來侵略我們；或翻新花樣，攪什麼手段來計算我們，我們都祇照一貫的主張去做，絕不讓國家民族的獨立自由平等損傷一點。這是三民主義的真精神。是中華民族的真精神。」（同上六六——六七頁，〈永保我國家民族的獨立自由平等〉，十八年七月二十二日立法院總理紀念週演講詞。）第三主張王道感化，例如他說：「我們中華民族是一個誠篤和平的民族，我們斷不要侵略人家，而將我們的力量膨脹到西伯利亞或莫斯科去。雖然我們最後的目的，是要以偉大的三民主義的王道精神，去普遍感化這一個目前尚陷在講強權尚武力之中的世界。我們對於任何外國都用王道的感化，而不用霸道的強逼。」（同上七二頁，〈中俄外交的知彼知己〉，十八年七月二十八日立法院總理紀念週演講詞。）其他，如：怎樣去應付外交（同上二五——三二頁十七年十二月十七日中央總理紀念週報告詞），今後雪恥的兩條道路，（同上四二——四九頁十八年五月九日中央黨部五九國恥紀念演講詞）努力取消不平等條約（同上四九——六〇頁十八年七月八日立法院總理紀念週演講詞。），誓雪半主權國與次殖民地之恥（同上七七——八三頁十八年十二月二十八首都撤銷領判權宣傳週代表大會演講詞。），國民政府明令撤廢領事裁判權的三大意義，（同上八三——九五頁十八年十二月三十日立法院總理紀念週演講詞。）能自衛而後有和平（同上九九——一〇五頁十八年八月十九日立法院總理紀念週演講詞），收回上海租界（同上一〇五——一〇九頁十九年五月三十日中央五卅慘案紀念會演講詞。），撤廢領事裁判權——所期望於英國者（同上一〇九——一一八頁十九年十二月一日立法院紀念週演講詞。），解除僑胞痛苦與打倒帝國主義（同上一一九——一二八頁十九年十一月三日立法院紀念週演講詞。）等，都是對於外交上的主張。

（三）教育主張先生對於教育上的主張，主張教而後富，例如他說：「兄弟覺得，今後足以為我們教育建設的障礙的，是孔子『富而後教』的說法。孔子的話誠然有他的理由，他的根據，然而決不能為我們所採用。這一要素，兄弟在全國教育會議中已經很痛切的說過了。中國目前，早已民窮財盡，假如等待著富而後教，則富固不會自至，而且也找不出所謂富的標準，一再等待下去，及至要教時，中國也許已經沒有了。所以我們要移轉『富而後教』的觀念，為『教而後富』，才真能致富，真能施教。這並不是兄弟憑空杜撰，聊以解嘲的理論，乃真實有其事實的基礎。世界各國中除開一切製造的東西外，就未加人工的，蘊藏在土地中的物質言，中國確是世界上最富的國家了。但是中國何以還天天鬧著窮，甚至一再瀕於破產呢？我們可以堅決地說，是由於沒有教育的緣故。因為唯教育才能發達人的智識，提高人的能力，發揚利用厚生的文明，增加我們精神的物質的享受。就中國的農業說，全部農民腦子裡充滿著數千年前的傳統思想，他們終身生長在自然環境中，已經驗來維繫他們的生活，智識上既沒有科學的灌輸，生產關繫上自不會有科學的應用。在這種情形之下，試問如何能增加農產？富裕他們的生活呢？我們唯有教他們識字，使他們從事農業的科學智識，並能應用到生產關繫上面，以摧破一切傳統思想的根基，才能使農業進步，生產發達。這祇就農業說，便知道『教而後富』，正是我們急需推進教育的唯一論據。」（《革命理論與革命工作》第二冊第三輯三〇七頁，〈教而後富〉，十九年四月二十八日立法院總理紀念週演講詞）

先生對於當時教育的弊病，很沉痛的說：「以往的教育，還有一個毛病，是未能革命化。革命者惟有犧牲自己。教育者也惟有犧牲自己。物質觀念是應該首先打破的。……自從共產黨提出一個打倒智識階級的口號，我國學生竟有繼續提出『打倒不請假的教師』等口號的。如此教育者既沒有物質上的報酬，又不能得英才來就教，自己縱然有很好的學問，很好的修養，精神是何等痛苦呢？於是社會上所有的人才，在別的路走不通時，才肯走上教育的一條路。大家視學校如傳舍，師生之間，彼此敷衍而已，並無認真教學的。甚至學生是民眾，而視教師為反民眾的，動輒提什麼口號來打倒他們。師道至此，固然已達極苦之境，而國家的教育到此也就破產了。」（同上第三輯一八七頁，「自治生產與教育」，十九年三月十日立法院總理紀念週演講詞。）又說：「我們看現在的教育界中：學生的選課、從師、進學、輟學、考試、畢業等事，往往都以私利私便為準，而全不想到求學是為的國民與民族。教師對於教書的地位，校長對於學校的地位，其間去留升降存廢分合，也每每以私利私便為準，而全不想到教育是政治的一部分，是為國家民族而辦的。利用已有的教學勢力，到自己責任以外去活動；甚至利用教育的勢力，到教育範圍以外去活動，儼然形成了所謂『學閥』；其不容於國家民族，更何待言！以現有的學生為民眾，從而挾持，鼓煽，擒縱，使其有所打倒，擁護，挽留，推翻，結果是暗中去遂個人或少數人的私慾而已。以過去的教學關係為團結標準，立為某派，某系，互相標榜，援引；在社會一切事業上，伸張私的勢力，竭盡把持排擠之作用。校友會同學會等等，竟公然進行學術以外，友誼以外的種種圖謀。於是增加了社會間無窮的軋轢與鬥爭，其為國家民族所造的禍福又如何？……在如此種種教育現象之下，實在只有私的彌漫，而不見有公的存在。教育簡直離開了國家與民族的地位遠甚，蕩而不復返了！」（同上二八〇—二八一頁〈建設與教育〉，十八年十月十日國慶紀念大會演講詞。）又說：「我們中國在學問上派別似乎很少；……可是某省系，某縣系的鄉土觀念，乃至留法，留英，留美，留日的出身觀念，卻盛極一時。某大學的校長是某省人，那麼某省的留學生，無論學問好壞，都可以做大學教授。某大學的校長是留法生或留美生，那麼，留法或留美的同門，都可竊據講壇，忝為人師！所謂學潮之興，無異是某甲某乙倒丙的地盤飯盌之爭。國家命脈所托的作育人才之地，一變而為獵者逐利之場。這是一件何等可痛的事！」（同上三一五頁，〈整飭學風的先決問題〉二十年一月二十六日立法院紀念週演講辭。）又云：「我們知道辦教育是一件十分清苦的事，但是聽說在北方則不然，一個教師每星期幾乎可以兼到七八十小時的功課，其收入可觀，自不待言。……可是有一位同志曾這樣告訴兄弟：『第一是這班兼課教授要施用勾結的手段，將較好的比較有力量的學生，用宴請種種方法互相聯絡起來，做他自己的臺柱，這樣即使教師不到講堂上課，也可以隨便過去了。如果真正過不去時，便隨便找人來庖代一下。第二是利用省系縣系的同鄉感情觀念來蠱惑學生，弄成一個堅強的小組織。這些學生，是自己的同黨，凡選他課時，學分照給，上課，不上課也好！到講堂好，不到講堂也好。總而言之，一切的一切，自有為他所利用的一派學生來替他捧場，做臺柱。』……所以廣東在某個時期中，學生曾提出『打倒不告假的教師』的口號。因為當時廣東大學中有很多學生是做著政治部主任，股員等職務的，如教師不告假，學生便要天天上課，這對於學生方面是很不利的。一個學校中，不幸有了這種腐化的教師之後，學生受其蠱惑，便自然而然好的分了派別，傾軋既久，學潮便不免發生了。我們在每次學潮暴發的時候，常常聽見甲派學生堅持要驅逐的那幾個教職員；而乙派學生卻偏要歡迎甲派所要驅逐的那幾個教職員；相持既久，則發傳單，貼標語，草宣言，開大會，罷課示威，甚至演全武行了！這種怪象，不但是中國教界界的恥辱，而且是整個中華民族的恥辱！不但是中國教育的破產，而且推而廣之，是整國中華民族的精神的殺產！」（同上三一六—三一七頁）

（四）軍事主張先生對於軍事的主張，第一主張整理軍隊，他有整理軍隊的十大意義：第一就軍隊的本身看來，要得軍隊精強，實在澈底加以整理的必要；第二、就地方治安看，亦有整理軍隊的必要；第三、就鞏固國防看，我們更有整理軍除的必要；第四，就財政的情形看，我們也有整理軍隊的必要；第五、就現在的國民生計看來，我們也有整理軍隊的必要；第六、要根本清除軍閥，也必須整理軍隊；第七、我們要防止共產黨，也要趕緊整理軍隊；第八、要打倒帝國主義，必須趕緊整理我們的軍隊；第九、我們要真正完成國家的統一，必須整理軍隊；第十、要促成建設，就要整理軍隊。（同上三三七—三四九頁，十七年十二月二十一日在中央無線電播音臺演講）第二主張編遣軍隊，他有對於實施編遣應有的認識（同上三四九—三五四頁，十八年八月一日編遣實施會議開幕訓詞），實施編遣的三個必要條件等文。（同上三五四—三五八頁，十八年八月五日中央黨部總理紀念週演講詞）

（五）黨務主張先生對於黨的解釋說：「黨究竟是什麼呢？照上文所說，黨是多數人照他們所信仰的主義，適應人群的需要，而自規律發展其行動的一種組織。在這一句話裡，可見黨的發生與成立，以及它的成功，一定要有三個條件。這三個條件如果不完備，馬上就要失敗；若圖挽救，就非改組不可。第一、黨是多數人的，不是少數人的，少數人不能組織黨。黨的發端雖由少數人，甚至一個人，但必得多數人的同志與同情，而後才能發生——成立。假如說：你今天高興便組織一個黨，他明天高興也組織一個黨，與大多數的好惡苦樂都不相干，那是斷斷做不到的。第二、黨一定要有革命主義。聚集多數人在一處，為的什麼呢？想幹些什麼呢？多數人不能無目的地聚起來，也不會無目的地散開去，大家一定要有一種『共信』而相聚，再有一種『互信』而合作。在多數人的組織中，一定要有領導者。領導者與全黨之間，『信』的作用一定要十分強固，就是全黨要絕對信仰領導者，而領導者也要絕對信用全黨，然後所謂多數的人，才能長久團結而合作。這一個『信』，究竟從那裡來的呢？是從思想來的。大家的思想要集中一致；要完全發自至公無私，完全為全民族全人類謀幸福的，然後思想才能一致。有一致的集中，便有一致的信仰；有一致的信仰，才生莫大的力量。換言之：就是大家應以革命的主義為團結的精神。第三、黨是能夠實現它的主義的，這一層最要緊。如果有主義而沒有政策與方略，主義等於空想，而不能實現，雖有政策方略等等，而黨裡的所謂多數人，並不能按照這種政策方略去實行，去逐步的表現它為事實，徒然討論研究而已，那是算不得是黨。因此黨的組織，黨的紀律，比之任何團體所有的都該嚴重十倍；不然將何以推進全體去行動，而增加其效能？」（《革命理論與革命工作》第三冊第七輯二〇—二一頁，〈從國民黨黨史上所得的教訓〉，十八年五月二日對中央陸軍軍官學校學生演講詞。）

又對於革命說：「第一，革命是為民眾的，是充滿著犧牲獻身的精神的。革命的主義，與信仰革命主義的人，完全只有公的立場，不能參雜一絲一毫的『私』進去；不然，馬上就要招人挾持，包圍，而不能抵抗，乃至妥協，屈服，乃至推翻信仰，反主義，反革命而後已。第二，總理說：『革命先要革心』，不但革命者先要把自己的心革得很正，就是在他的整個的革命工作，革命運動之中。最要緊的一件事，也就是把一般人民傾向革命，了解革命的心理，先行建設起來，然後再進行其他。」（同上一一—一二頁）

又謂：「凡是總理的信徒，革命的同志，都該知道革命是為建設的，其中為了建設才不得已而有破壞；沒有建設的破壞，也算不上是革命。革命是澈底的，整個的，而不是妥協的，部分的，所以並不是改良。建設也是根本的，永久的，而不是枝節的，暫時的，所以也不是改頭換面，或相安一時。凡不以建設為目的破壞，或祇以民生問題為煽惑而沒有民族民權的計畫的，僅不過是張獻忠，李自成的殺人放火而已，算不得是革命！凡祇能破壞而不能建設，或只有民族的號召而沒有民權民生的計畫的，僅不過是洪秀全，楊秀清的太平天國而已，也算不得是革命！凡祇求相安一時，隨便妥協，只有一點民權的要求，而沒有民族民生的計畫的僅不過是康有為，梁啟超的君主立憲而已，更算不得是革命！因為專門殺人放火，或僅僅推翻異族的政權便算了事的，固然沒有建設可言；就是改頭換面，相安一時的改良政策之中，又那裡有多大的建設在著？所以這些都算不是革命。而能彀算得是完備的真實的革命的，惟有一個建設的三民主義的革命。」（同上第六輯五〇—五一頁〈革命與求學〉，十七年十月二十九日對中央大學學生演講詞。）

先生對於黨的問題，主張八個字，是「黨外無黨黨內無派」。共產黨聽見，大為害怕，勸阻大家不要接受。（同上第五輯，二六頁，〈要有統一的精神表示黨是處於最高地位〉，十六年六月六日中央黨部第二次總理紀念週報告詞。）又主張三民主義的連環性。例如他說：「我們還要認清三民主義是整個的，是連環的。自來的革命運動，都不出下面三種，一民族革命，二政治革命，三社會革命。這三種革命，通通包括在三民主義之中。但是這三種革命，並不是順序產生的，是同時並進的。民族主義必須是民權和民生主義的民族主義，才不致變為帝國主義；民權主義必須是民族主義和民生主義的民權主義，才不會變為虛偽的資產階級的民權主義；民生主義必須是民族主義和民權主義的民生主義，才不會變為資本主義。（《胡漢民先生過越彙紀》五，「南圻《華僑日報》歡迎胡漢民同志專號選錄四二頁」，三民主義的精神革命理論與革命工作第一冊第一輯三四頁三民主義之認識十六年四月為中央半月刊作胡先生紀念專刊五三頁陳肇琪「紀念胡先生與認識胡先生」）第二對於黨治主張，他說：「夫以黨建國者，本黨為民眾奪取政權，創立民國一切規模之謂也。以黨治國者，本黨以此規模策訓政之效能，使人民自能確實使用政權之謂也。於建國治國之過程中，本黨始終以政權之褓母自任，其精神與目的，完全歸宿於三民主義之實現。」又曰：「凡所有軍政訓政，皆為本黨建國時期之工作，一切權力皆由黨集中，由黨發施。政府由黨負褓母之責，故由黨指導，由黨擁護。在人民未經政治訓練及未完全了解實行三民主義以前，惟有黨能代表全國人民負建國之大任，亦唯有黨能領導全國人民向三民主義實現之目標而前進。」（胡先生紀念專刊紀念文五四頁，陳肇琪「紀念胡先生」）又曰：「黨應恢復有主義有精神之黨，力除過去滅裂渙散之錯誤。」「救國必先救黨，黨員必須人人深入民間奉行救國之主義。」「黨員唯一要義，即為犧牲與義務。」「黨員職責所在，不容有所規避。」（同上《中外言論選錄》三三—三四頁，南京日報悼胡展堂先生）又他在其黨權與軍權之消長一文中說：「第一、必須從新建立黨的組織，使黨成為真正革命的組織。第二、必須在軍隊中澈底厲行主義的訓練和黨的統制，使軍隊與黨合一。第三、必須注意軍隊的本身和兵士們的素質，隨時為實際的改進。第四、必須根據總理權能分別的學說，使黨有權，軍隊有能，並使軍令軍需，離軍隊而獨立。」（同上《中外言論選錄》三六頁，《瓊崖日報》悼胡漢民先生）又先生對於黨化的解釋說：「但是徒具三民形式，不問精神，而曰黨化，此種是機械式，不中用。比方如一部分軍隊，忽然舉手入黨，便認為忠實同志，究有何用？蓋不認識主義，不了解革命真諦，而可以成功者，我們何不直接下一命令，令我四萬萬同胞一齊入黨，更覺直捷。不知此種辦法，係幹不來。是故一社團，一學校，可不必問曾否入黨。但求於黨的主義能認識，能實行，如此就是黨化。」（《胡漢民先生過越彙紀》十九頁，穗城學校開會歡迎胡漢民同志續誌十七年八月二十五日南圻《華僑日報》）第三對於黨務之弊，先生說：「兄弟回憶從前有兩種錯失，在同盟會時期，有許多地方令吾人不能有紀律，發生許多缺憾。民元以後，精神大差，以為推翻滿清之後，便當籌畫如何改組，變成政黨，將政權公開，使多數反革命之徒，竊奪政權，著著勝利，袁世凱就是一個顯明的例證。而黨員亦覺得除政治行動外，不須有別種革命行動，其實根本錯誤，未知革命尚未成功之故。……至於第二種錯失則民二三之改組，立意甚善，……但十三年後辦黨的動機似含有一種權利意味。須知辦黨乃純粹義務，純粹犧牲。……後乃反是，辦黨者有一種把持性質，以為我辦得，你辦不得，我有權，你無權，遂發生無限糾紛。……吾人歸納言之，無黨的組織是一缺點；無革命精神是一缺點；認黨係政權係工具亦是一缺點。」（同上一三—一四頁，〈胡漢民同志在總支部公讌席上之訓話〉，十七年八月二十三日南圻《華僑日報》）又說：「國民黨何以會被共產黨如此搗亂呢？……第一、因為我們團結不堅，所以他們有機可乘。即以一二變節的軍人而論，自以為勢力雄厚，革命有功，便事事自專，忘記了黨，因而忘記了黨是要團結三民主義的同志，而不是要團結非三民主義的另外一種人。這是他們沒有矢忠本黨的決心，所以就會被人誘惑，就會被人拆散。第二、我們的黨員對黨不甚密切，不甚密切的緣故，就是組織不密，紀律不嚴，所以共產黨得以侵入搗亂。第三、一部分黨員對於本黨政策黨綱和組織方法，不大明瞭。……而且，各處黨部集會時，黨員不能熱心赴會，也是一個毛病。……下級黨部是黨的基本組織，基本不固，如何有好的結果！」（同上四五頁〈胡漢民要磨鍊我們的革命力量來護黨〉）先生又說：「欲知吾去國之原因者，當先知吾黨今日之病源。此之病源，語其要者，厥有三端：一曰，國民革命之理論基礎，猶未如何確定，即實現三民主義之方法亦未為具體之研究也。二曰，黨之組織與宣傳俱未臻於完善是也。吾人今日以深惡痛絕於共禍之際，如不明時代思潮與其環境，欲回復其十三年以前之狀態，實為事實上所不許者也。三曰，民眾運動尚無良善之辦法。」（同上一〇九頁〈胡漢民先生關於黨國根本大計之重要談話〉）又先生對於黨政之衝突說：「有人說：『現在黨政間所以互相糾紛的是因為兩方面不同在黨的指導之下；或雖同在黨的指導之下而有一方面卻是黨其所黨，非我所謂黨也；群其所群，非我所謂群也。』這也是一針見血的話！我們眼裡看到這種情形已經很久了。在黨部一方面的人，以為政治機關的人大都是腐化份子。同時政治機關的人卻以為黨部已經惡化。進一步，辦黨的人便以為非把行政當局攻擊一下，甚至對於行政障礙一下，不足以表示黨權之高，黨員之努力。而行政者又以為若不極端反對辦黨者的言行，即將受制於黨人，不能辦一件事，而且有漸趨於惡化的危險，便不能負地方治安的責任。這麼一來，一面腐化，一面惡化；互相齟齬軋轢，永遠冰炭水火。到底那個是腐化？那個是惡化？誰都弄得莫名其妙！這種惡現象真是今後訓政上絕大的危機！」（《革命理論與革命工作》第二冊第三輯一九七—一九八頁，〈怎樣做到以黨治國與何以要完成地方自治〉，十七年十二月十四日五省民政會議講演辭）第四關於共產黨方面，先生對於共產黨的錯誤說：「俄國革命，已證明馬克斯的學說有許多錯誤的地方了。馬克斯的學說，以階級鬥爭和無產階級專政為骨幹。這種學說都是講不通的。」

其批評共產黨說：「它的法寶是什麼呢？第一件，叫做誇大狂，青年的求知慾，是帶著一個畸形的好奇性的。如果你能滿足他的好奇性，他的求知慾也就可以不向求真理的方面發展，而偏向求新奇的方向發展了。尤其狡獪的，就是共產黨的第二法寶，叫做性交自由。這個法寶的作用，簡直不僅僅可以投合青年的色情狂，並且足以麻醉青年的好奇狂支配狂和佔有狂。什麼裸體遊行，男女同浴，打破廉恥，在事實上雖不必共產黨的青年個個有此舉，然而以作宣傳的工具，已足以誘惑一般人的好奇心和性愛慾。……在莫斯科東方勞働大學和假借孫總理之名的大學當中，更是盡天下男女之奇觀。

還有一次一個共產黨員強姦了同黨一個有夫之婦，雙方鬧到黨來審判，而裁判的人只說：『強姦人的固然是幼稚病，但被強姦的也未免思想落後！』所謂幼稚病，所謂思想落後的批評，真是再妙不過。共產黨來到中國，是奉旨犯幼稚病的，儘管強姦有夫之婦，算不上何種罪過；而怕受人思想落後的批評，就只可任人強姦。——這一段風流公案的裁判，令人想起在武漢被強姦的多少國民黨員。……

末了，共產黨的第三件法寶是捧場；而第四件法寶是收買。青年的支配慾和佔有慾是後天發達的居多；而且青年人最得意的也不過是初出茅廬；懷著支配慾和佔有慾的，比較還是希望不奢。但是共產黨卻儘量地給CY一個超過奢望的捧場和酬報，青年人那得不為所顛倒呢？……

總括地說，共產黨的縱慾主義，是要縱好奇慾，縱淫慾，縱名慾，縱利慾：這無一不是以獸性的個人主義為出發點，亦無不以獸性的個人主義為歸宿點。縱慾，才能迷惑民眾，迷農人，迷工人，迷青年男女。縱慾才能生亂，亂人性，亂家庭，亂社會，亂國家，亂世界。這就是共產黨的所謂革命戰術。從重重疊疊的亂當中。以迅雷不及掩耳的手段奪取政權，這便是共產黨的最終目的。」（同上第六輯一二六—一二九頁附錄〈青年的煩悶與出路〉，十六年六月為《中央半月刊》作。）

又說：「吾黨之糾紛墮落至今日而極矣，百孔千瘡，從何救起？然語其根本，洞其癥結，當首在根本清除共黨之精神。此而不除，一切皆同廢料。吾人清黨時衹捕其人而不注意於精神之肅清，此實失策之甚者。蓋共黨專制，獨裁，煽惑之精神不澈底打破之，餘毒中乎人心，至足憂也。共黨精神，有與本黨最不相容之點，共黨對於一切，皆主『奪取』，吾黨則主『服務』，此其中實有重大之分別。吾黨同志之對民眾，素以『服務』自甘，光榮之歷史，斑斑可考。自CP精神侵入之後，人皆為『奪取』之競爭。於是挑撥也，誣陷也，排斥也，分化也……種種卑劣陰毒之手段乃層出不窮。而一一施諸於同黨之同志。年來吾黨同志，無論老少，多感於ＣＰ之精神而為上述之攘奪，此則本黨所以日陷於糾紛之狀態也。」（《胡漢民先生過越彙紀》一一〇－一一一頁。〈胡漢民先生關於黨國根本大計之重要談話〉）

先生的著作，有《唯物史觀之倫理的研究》，《三民主義者之使命》，《三民主義的連環性》，《講演集」七輯，《政論選編」二集，《不匱室詩鈔》八卷。其所譯著有，《社會主義史」。其他散見於《民報》，《中興日報》，《民國雜誌》，《建設雜誌》，《中央半月刊》，《三民主義月刊》等刊物中。

參考資料

《革命理論與革命工作》第一、二、三冊　胡漢民演講二十一年上海民智書局出版　王養冲編
《胡先生紀念專刊》胡主席治喪委員會編　印二十五年五月廿五日出版
《胡先生靈櫬奉移專刊》胡故主席國葬典禮辦事處宣傳組編印　二十五年七月十三日出版
〈胡展堂先生事略〉胡先生紀念專刊及胡先生靈櫬奉移專刊內文
〈未入革命黨前之胡漢民〉馮自由著　革命逸史
〈未入革命黨前之胡漢民補述〉同上
〈胡漢民入黨時紀實〉馮自由著　革命逸史第二集
〈胡漢民先生遺囑〉蕭佛成筆記　影印一張
〈胡漢民先生軼事〉五則抄本
〈胡漢民先生自乙巳至辛亥七年祕密革命事略〉抄一摺
《胡漢民先生在中央紀念週的演講》中國國民黨福建省黨務指導委員會宣傳部印
《胡漢民先生過越彙紀》陳肇琪編　十七年二月印度支那部中法大學三民編輯社初版
〈胡展堂先生之革命史略〉《中國國民黨史稿》第四篇

〈憶述胡展堂先生教授梧州中學時傳播革命種子與收穫之經過〉楊愿公著《胡先生紀念專刊》紀念文
〈紀念胡先生與認識胡先生〉陳肇琪著《胡先生紀念專刊》紀念文
〈胡展堂臨終之一奕〉《秦風周報》第二卷第十九期
《中國國民黨史稿》第三篇第六章〈討賊之役〉鄒魯編　商務印書館出版
《總理年譜長編初稿》第四冊　中央黨史會編　油印本
《中國國民黨年鑑》民國十八年及二十三年　中央黨史會編　鉛印本
《胡漢民言行錄》時希聖編　十八年十二月廣益書局出版
〈胡漢民自傳〉《革命文獻》第三輯　四十二年中央黨史會編印
〈蔣總統年表〉姚漁湘編

輯三、孫中山的左右手：朱執信與胡漢民

汪希文　原著

憶胡展堂先生

（一）

國民黨元老胡展堂先生於民國廿五年逝世，逝世後不久，廣東即歸政中央，胡氏所主持之國民黨西南執行部，及西南政務委員會，旋亦瓦解。平日信仰胡氏之黨員，散而之四方，迄今不覺已二十年，筆者未見有人寫過胡氏之傳略，今者其墓木已拱，仍未有人為撰碑銘。

六年前，其妻舅陳協之與筆者俱寓澳門，常有晤談，筆者屢囑協之為展堂作傳，或墓碑銘，協之曰：「我只知展堂辛亥後的事跡，辛亥以前的事，我不清楚，要胡毅生方能寫」云云。筆者曰：「如此正好，囑毅生寫前半截，由閣下寫後半段，前後兩篇合璧，便可以為將來之文獻。」協之雖以為然，終因年老，因循未果，毅生在臺北亦已病廢，恐僅能口述，而乏秉筆之人，誠憾事也，筆者之於展堂事蹟，犖犖大者則知，細節則所知者甚少。爰將記憶所及筆之於篇，以備他日史乘之參考云爾。

胡漢民，原名衍鴻，字展堂，祖籍江西，先世幕遊於粵，遂占籍番禺。少日文名藉甚，年廿三，中光緒辛丑科舉人，時適在戊戌政變之後，清室慈禧太后，依然守舊，仍以八股考試取士，後世只知展堂為協助國父創造中華民國之革命元勳，而知其為以八股考中舉人者則不太多。清末遊學日本，藉乃弟毅生之介，始識國父而加入同盟會，為革命黨中之重要幹部，黃克強屢次揭竿起義，展堂無役不參與，與汪精衛交尤厚，在南洋宣傳革命有年，時人汪胡並稱。汪有標準美男之名，胡則聲音清嬌，時論以二人一則聲嬌，一則貌美，傳為佳話焉。

宣統辛亥三月廿九日，廣州起義之役雖然失敗，兩廣總督張鳴岐，水師提督李準均由是震驚。鳴岐不能單獨信任李準，調廣西陸路提督龍濟光率濟軍入粵鎮攝，李準以此更不安，六月，李準復被黨人陳敬岳行刺，遂暗遣其胞弟李次武（汪精衛之受業學生）赴香港，通款於展堂，表示贊同排滿，必要時可以向清廷倒戈。農曆八月中秋後（即雙十節）武漢義師起，長江各省響應，九月廣州亦震動，李準率所部巡防營，退守虎門，張鳴岐電囑李準派兵拱護穗垣，李準按兵不動，俄而黨人拍來「京陷帝奔」之電，張鳴岐大驚，於農曆九月十八日宵遁。展堂遂與同志入粵，就第一任廣東大都督（未到前，蔣尊簋曾代理一日）。展堂時年僅三十三歲，以朱執信為總參議，幕僚中人才濟濟，時人以「杜古金張」為四大金剛：杜貢石（之杕）、古湘芹（應芬）、金浩庭（章）、張蔭亭（樹棠）等是也。至於廖仲愷、汪道源（宗洙）二人，則有紅鬚軍師之號。其時陳炯明別在惠州起兵，獨樹一幟，遂推陳為副都督，黃士龍為參都督。農曆十一月，國父由海外歸國，道經香港，邀展堂同赴南京，乃由陳炯明繼任粵督。民國元年元旦（即辛亥十一月十三日）國父就任臨時大總統，以展堂為總統府秘書長，那時未有設置國務總理，總統府秘書長為百僚之長，等於首相焉。

（二）

民元，南北統一，國父讓總統與袁世凱後，遂與展堂甫歸廣州巡視，陳炯明過於剛愎自用，輿情不洽，為眾所反對，不安於位，自行向廣東省議會辭職，省議會票舉汪精衛為廣東都督。其時汪精衛方與李石曾、吳稚暉等組識進德會，標榜六不主義，即：不吸煙、不飲酒、不賭博、不冶遊、不納妾、不做官是也。不做官既為其信條之一，自然無就任都督之理，袁政府之政令，一時又未及於粵，遂由國父親蒞廣東省議會，推薦展堂為粵督。國父之措辭，謂展堂之才，不只可以勝任一省的都督，即畀以全國性的要職，亦可勝任愉快。於是，全場一致通過，展堂復任粵督，而以陳炯明為廣東全省綏靖總處經略。

民國二年，袁世凱使人刺死宋教仁之後，陰謀消滅國民黨，暗使梁士詒南下香港，利用粵紳江孔殷勾結陳炯明，離間胡陳不睦，又賄賂粵軍第一師長鍾鼎基；第二師長蘇慎初，混成旅長張我權，誘其輸誠於袁，美其名曰擁護中央。及其成熟，遂由袁政府下令，免展堂粵督之職，調為西藏安撫使，而以陳炯明繼任廣東都督。俄而李烈鈞在湖口起義討袁，二次革命起，陳炯明亦附和討袁，不知各師旅長均已被梁士詒暗中買通，龍濟光則率濟軍由梧州東下，駐肇慶之軍閥李耀漢響應之，鍾蘇駐燕塘之陸軍，竟砲轟都督府，陳炯明遂逃，二次革命完全失敗。展堂乃隨國父東渡日本，改組國民黨為中華革命黨。民四，袁世凱謀稱帝，國父遂命同志組識中華革命軍，以居正主持山東軍事，陳其美主持江浙兩省軍事，于右任主持陝西軍事，朱執信主持廣東軍事，國父自任統帥，展堂在國父左右，策劃大計焉。

民國五年五月十八日，國父所派主持江浙兩省革命軍事之陳其美將軍，被袁世凱使人行刺於上海英租界，遂殉國。國父命展堂由日本東京返滬，繼續主持陳氏之任務。六月六日袁世凱死，黎元洪繼任大總統，旋恢復舊國會，及舊約法。帝制既倒，民國危而復安，國父遂通令各省、結束軍事行動，各路國民革命軍，於是一律復員。

民六，參議院依法須改選一部分參議員，廣東佔三名，由廣東省議會選舉，展堂當選，遂赴北京出席，其餘兩名為陳炯明及黃金聲。未幾，國會又被督軍團壓力所解散，滿清殘餘軍閥張勳竟擁宣統帝復辟，段祺瑞由馬廠出兵討平之，而廢棄約法如故。國父函電紛馳，力爭無效。乃偕展堂率海軍南下至粵，以護法號召天下，非常國會推國父為海陸軍大元帥，成立大元帥府於廣州河南之士敏土廠，國父以展堂為總參議。

民七，由國會議員楊永泰領導之政學系，與桂系軍閥勾結，陰謀改組大元帥府為軍政府，採七總裁制，以岑春煊為首席總裁，國父乃離粵，展堂亦隨赴滬，國父乃遙領總裁虛銜。

（三）

民八，南北政府開和會於上海，展堂與唐紹儀等為南方代表，會議歷時數月，雙方意見紛歧，卒無成就。

民九，桂系軍閥莫榮新竊據粵省多年，大開煙賭，政以賄成，除拆城築馬路一事，差強人意之外，並無其他政績表現，民怨沸騰。那時陳炯明所統粵軍，駐防福建之漳州，國父遂命陳氏率全軍回粵討莫，下潮汕，克惠州，勢如破竹，國父又命展堂及朱執信設機關部於香港，使人策動福軍李福林，及第三師長魏邦平，各將所部軍隊，集中廣州之河南，號稱李魏聯軍，響應回粵之粵軍。莫榮新大驚，率桂軍逃回廣西。國父乃偕伍廷芳唐紹儀及展堂，重返廣州，再開軍政府會議，以圖貫徹護法大業。

民十，粵軍大舉援桂，廣西全省平定，陸榮廷領導之桂系，完全瓦解。五月，國會開非常會議於廣州，國父當選為非常大總統，展堂任總統府文官長。

先是，國父使汪精衛潛赴華北，連絡東北之張作霖，及已下野之段祺瑞，謀組織孫段張三角同盟，共同討伐直系軍閥。民十一，連絡成功，國父乃率各路軍取道桂林，出師北伐，期與張段兩軍會師中原，前鋒已入全州，乃陳炯明與直系軍閥吳佩孚勾結，企圖阻撓國父之北伐大計，不肯接濟餉械，國父乃由桂林回師返粵，意圖說服陳炯明，車駕至梧州，電令陳炯明赴梧商討大計，炯明見國父回師，頗懼，初擬遵命晉謁，以圖緩衝，其謀士金浩庭（章）勸陳不可去，謂去則必遭鎗斃，炯明竟惑於其言，不肯晉謁。國父遂下令，免去陳炯明粵軍總司令兼廣東省長兩職，以伍廷芳為廣東省長，仍留陳炯明為陸軍總長，兼內務總長，以觀後效。

下令之後，國父率北伐軍約四萬人，由梧州東下，次於三水縣之河口，國父駐節軍艦上，仍希望可以說服陳炯明，期其覺悟，再電約其即赴河口相見，陳不特不往，且聞國父率兵到河口，竟奔返惠州之白花洲，擁兵數千，負隅自重。此時適今總統蔣先生，聞北伐軍改道，特由滬趕到三水，登艦謁見國父。謂陳逆勾結吳佩孚，逆跡昭彰，若大軍改道江西北伐，而任令陳炯明擁兵在後方，實為心腹之患，今我軍既有四萬之眾，而陳炯明在惠州之兵，不過數千人，宜趁此時以全力將老巢撲滅，徹底傾覆之，然後可以安心北伐云云。蔣先生當日此項主張，的是卓見，惟展堂則謂陳炯明叛跡未著，一旦發生內鬨，實為不宜。許崇智將軍則謂國父屢次對陳炯明切實表明態度，惟一之目的在北伐，決心將粵事完全付與陳氏，今若失信，非王道也云云。展堂喜曰：「許將軍能見及此，此軍長之所以為軍長也。」國父遂納展堂之言，而不用蔣先生之策，蔣先生以主張不行，知必僨事，悄然而再赴滬焉。

（國父在永豐艦蒙難時，蔣先生又隻身來粵，登艦援救國父。）

（四）

國父既不採用蔣先生先發制人之策略，遂容納展堂之主張，命令隨駕回粵各軍，悉數取道北江及粵漢鐵路，向韶州進發，即設大本營於韶州，命展堂赴韶州主持一切，指揮各路軍踰大庾嶺入江西。於是，許崇智克龍南，黃大偉克崇義，李烈鈞克大庾，李福林亦率所部為後繼，軍威甚盛。

國父以陳炯明為本黨一手培植之人，縱使稍懷貳心，若於北伐軍入贛，勢如破竹之後，稍有人心者，亦決不致實行反叛，為梟獍之行，且其部下諸人，亦當有深明大義不致附逆者，乃僅攜帶少數衛隊返廣州鎮攝，此外有海軍艦隻在珠江河面拱衛而已。

不期陳炯明竟喪心病狂，電令其所部將官葉舉，將原駐廣西南甯之軍隊，約二萬人，兼程返粵，國父命葉舉率部入贛，以壯北伐軍威，葉舉竟以清君側為名，請國父驅逐展堂，以為要脅，並要求陳炯明全權包辦北伐，視國父為傀儡，當然為國父所拒，葉舉竟於六月十六日砲轟總統府，張貼佈告，口號為「請孫下野」。

國父登永豐兵艦（後改名中山艦）砲擊叛軍，一面電令北伐軍回師討逆，相持逾月，北伐軍終以接濟困難，不能取勝，乃向福建退卻，以待時機，陳軍進迫韶州大本營，展堂是文謅謅之人，身軀瘦弱，那時又未有飛機，由親信副官背負之奔走，渡過大庾嶺，易服間關至滬，此役展堂之勞苦與虛驚，當為有生以來所未嘗有，而主張失敗，亦為其一生最失策之一著焉。

國父以北伐軍回師討逆無功，已轉進入閩，陳逆竟忍心圖以魚雷轟炸永豐船，置國父於死地。比時蔣先生再由滬返粵，登艦援救國父，換乘英國兵艦離粵，與展堂及各同志在上海環龍路會齊。

那時滇軍張開儒楊希閔，及桂軍劉震寰劉玉山所部，均駐廣西之白馬，展堂命眾議院議員葉夏聲，潛入廣西，傳達國父意旨，徵兵討賊，楊劉均久隸國民黨籍者，接納葉氏之言，立即遵令出兵，並連絡其他之桂省殘餘軍閥沈鴻英，由梧州會師東下，討陳炯明，陳軍屢戰屢敗，滇桂軍直下廣州，陳逆擁兵退惠州。

十二月，國父以陳逆已逃，特任展堂為廣東省長，展堂那時在香港設立機關，主持大計，奉令立即赴穗就職，視事僅數日，竟發生意外之事變，即世所稱之「江防會議」也。

（五）

所謂「江防會議」之變，算是吾粵過去的一件不大不小之事，敘此事之前因後果，不能不敘述魏邦平其人。

邦平是日本士官畢業，而未嘗隸國民黨籍者，但民國元二年間，展堂在廣東都督任內，注重人才，曾任用魏為參謀長，佐治軍事，不能謂於黨全無淵源。民四，朱執信奉國父命，在港澳設立機關部，主持廣東革命運動，在四邑一帶組織民軍，謀逐龍濟光，那時執信因魏未入國民黨，未有使用魏氏，而他究竟是有為之人，既未為朱所用，遂與康梁系之徐勤合作。民五之夏初，奪獲龍濟光之軍艦十餘艘，另組織軍隊，分道由水陸開至肇慶，與桂軍統帥陸榮廷，肇軍統帥李耀漢共同擁戴岑春煊為兩廣都司令，那時筆者在李耀漢幕府，始認識魏君，筆者同時奉執信之命，與岑陸李魏各軍連絡，共同目標在討龍濟光。筆者曾詢問邦平，何故不將所獲兵艦歸隊於朱先生？魏答：曾三次謁朱，未獲接晤云。執信此役未有羅致邦平，是其不無小誤之處。

後來合兵驅逐龍濟光成功，新任廣東督軍陸榮廷，委任魏邦平為廣東陸軍第三師師長，待之頗厚。及民九粵軍由漳州回粵，魏邦平接受展堂之策動，與李福林響應粵軍，桂系由是而敗，前文已詳敘及此，桂系軍人由此恨魏邦平入骨。

民十一冬，滇桂聯軍擊走陳炯明之後，沈鴻英設桂軍司令部於廣州西北郊之石井，所部約萬餘人，分布於廣州市西一帶，及長堤之西部，滇軍則駐東郊，及長堤之東部，魏邦平所部之第三師則駐河南。

十二月，展堂接任廣東省長後，約旬日，由各軍政負責人，往返磋商同意後，召開軍事政治聯席會議於南堤「江防司令部」，是晚八時開會，展堂及滇軍統帥楊希閔，桂軍統帥沈鴻英，及劉震寰、劉玉山、陳天太、魏邦平、陳策等，均依時到會出席，江防司令部之房屋，那時則是滇軍所佔有的，會議甫開，沈鴻英即挾昔日之舊恨，怪責魏邦平當年響應陳炯明之罪過，害到桂軍一敗塗地，竟當場拔槍，欲轟擊邦平，邦平方欲拔槍自衛，已被桂系軍官從後面奪其手槍，並將邦平打倒在地，會場秩序遂大亂。那時在會場的桂系軍官，不分青紅皂白，竟將展堂捆縛，置於角落，陳策則由騎樓跳落馬路，以致傷足，魏邦平倒臥於樓板上，沈鴻英正欲持鎗轟之，魏則左右輪轉以圖掙扎，正在千鈞一髮之際，楊希閔及滇軍將官，仗義解圍，謂此處是滇軍駐地，沈總司令不能在此殺人，一面傳令守衛的滇軍，未奉命令，不准放一人出司令部門。沈鴻英不得已，方不敢開槍，結果，則將魏邦平扣留在滇軍司令部，楊希閔看見展堂被縛在角落，大呼不應如此無禮，大家應該尊重省長，命人解去其縛，請劉震寰用汽車送展堂回省署，展堂被縛時以為必無幸，返署後驚魂未定，翌晨，乘省港輪船赴香港暫避，以觀形勢。

是役魏氏所部駐河南之第三師，全軍三千餘人，竟受壓力全部被繳械解散，全官兵，泣不成聲，向珠江揮淚以救主帥。滇軍則接受國父由滬發來電令，內容為「著即釋放魏邦平。」僅七個字，魏始獲釋赴港，是之謂「江防會議」之變。當時桂軍之目的，完全在魏邦平，展堂則因城門失火，殃及池魚而已。

（六）

桂軍統帥沈鴻英，本是桂系殘餘軍閥。民九，在粵給粵軍打倒。民十，國民黨軍援桂，又傾覆其老巢，故沈氏之於國民黨，只有舊恨，而無好感，是自然之理。葉夏聲奉國父及展堂之命，徵勤王兵於廣西時，只係徵發駐白馬之滇軍，原未徵及沈軍，特滇軍恐獨力未足以驅逐陳炯明，所以拉攏沈軍合作，以壯聲威。沈軍既已入粵，鴻英與邦平，正是冤家對頭，一旦相逢，豈有輕易放過之理，所謂「江防會議」，展堂及魏氏，均絕未考慮到沈鴻英的危機，事前並無切實之連繫，又毫無情報，輕身赴會，我不爾虞，若竟我詐，鑄成此錯，《春秋》責備，疏忽之咎，蓋無可辭。民五，黎元洪繼任總統，曾特授展堂為智威將軍，此役展堂可謂不智。

一黨之內，再分派別，大約是無法避免之事。陳炯明未叛之前，黨內分為胡陳兩派，陳氏叛變脫黨之後，國民黨內，又開始分為「元老」與「太子」兩派，元老派以展堂為首，太子派則以孫哲生（科）為首。

江防會議的悲劇閉幕後，展堂避居香港，驚弓之鳥，不再計畫返穗，坐看時局之發展。「太子」

派乃乘時而起。

展堂以文章才智，為國父所優禮，在黨內可說是一人之下，萬人之上，除汪精衛可以與之分庭抗禮，為國父所並重者之外，其餘諸同志，有汪胡在，總要讓他兩三分的，若不論才智，而論年齒資深，則當時尚有與國父年齡相若之陳少白，年齡比展堂大十多歲，少白不免有多少老氣橫秋，展堂則才氣迫人，平時對少白總有不甚客氣的說話，不算刻薄，亦算尖酸，即對任何同志，亦不免如此，在展堂不過取快於一時，受之者不免尷尬而懷怨，此是人情之常，自從江防會議之變，黨內許多同志，均埋怨展堂措置失當，陳少白即是其一。

滇桂聯軍之來粵討陳，既係由葉夏聲所遊說，夏聲與沈鴻英，自然曾有晤面，夏聲以展堂既留港不歸，乃與元老陳少白，奉孫哲生為首腦，以哲生之意旨，與沈鴻英折衝，沈則虛與委蛇，實則心懷叵測，夏聲竟誤以為沈可利用，欲藉沈以自重，乃不經展堂，而逕赴滬謁見國父，為沈鴻英說好話，並謂展堂既不回穗，省長要缺，不能虛懸，夏聲與哲生及陳少白數人合力為徐紹楨捧傷，謂為老成碩望，可資鎮攝。國父乃下令，調展堂仍為交官長，而以徐紹楨為廣東省長，楊西巖為廣東財政廳長，孫科為廣州市長，事在民國十二年一月也。

（七）

令既下，「元老派」譁然，以為粵局糾紛，決非徐紹楨所能斡旋，鄒魯及胡毅生，均因此事向國父力爭，幾至反臉。大約國父則欲一試少壯一輩之活動成果為如何，竟將「元老派」暫時凍結，試令孫哲生運用其聯絡沈鴻英的理想。

徐紹楨、楊西巖、孫科三人就職後，會同滇桂兩軍統帥，聯名電請國父返粵，展堂在香港，以沈鴻英陰謀不可測，電阻國父勿南歸，謂宜慎重，國父不納，卒於民國十二年二月二十一日返抵粵。

徐紹楨，字固卿，前清舉人，官江蘇補用道，改武官，任江南新軍第一鎮統制（等於民國的師長）。辛亥革命，接受革命黨策動，向清廷倒戈，光復南京有功，國父任命為南京衛戍總司令。民元，南北統一後解職。其人和易而忠厚，別無所長，不為世重，賦閒十年，因緣此次機會，始被起用，當時的粵局，十分複雜，以多才多智的胡展堂，尚感棘手，何況垂老的徐紹楨，時人呼為徐鼻涕，就職後一籌莫展。

楊西巖是本港殷商，國民黨為地下革命運動時，西巖資助經費不少，國父任用他為財長，是酬庸之意。惟以商人而負財政重責，絕無行政經驗，是不行的。那時的滇桂兩軍，自己一面開煙開賭，一面向財廳索餉，西巖亦窮於應付。

國父之於沈鴻英，鑒於江防會議之變，當然不會信任，故抵粵登岸之初，立即與滇軍統帥楊希閔同乘汽車，逕駛至東沙馬路農林試驗場，即滇軍總司令部，並即下榻該處，表示對於滇軍之推心置腹。沈鴻英則始終不敢謁見國父，滑稽得很，他反為欲請國父到他的司令部相見，再演一幕「江防會議」，國父自然不會上當。

國父的確偉大得很，仍企圖說服沈鴻英而感化之，冀其衷心歸順，為革命效力，使人通知鴻英，謂可駛永豐軍艦至白鵝潭，國父與沈氏，約齊同時在軍艦把晤，沈鴻英仍不能從。

至是，國父方深知沈鴻英之不可靠，並知孫科及葉夏聲之活動及其理想，係屬徒然，不無幼稚之處。

先是，展堂於江防會議被釋返省署之後，決定翌晨離穗赴港，仍留乃弟毅生在穗，與滇軍切實連絡好感，滇軍之能擁護國父，毅生之功勞不少。展堂一面漏夜特派古應芬為江門行營主任，面飭古氏立即馳赴江門，剋日成立行營，集中粵系各路軍隊，佈防於四邑一帶，於是粵軍將領梁鴻楷、陳可鈺、李濟深，陳濟棠等，各率所部來歸，古應芬儼然以文官為主將，擁眾二萬餘人，軍威一振，與滇軍成犄角之勢。

國父以內有滇軍擁護，外有粵軍聲援，遂受各軍之推戴，於三月二日稱大元帥，成立大本營，命令沈鴻英率部移防肇慶，沈竟不受命。

（八）

沈鴻英是舊桂系的殘餘軍閥。民六至民九，舊桂系盤踞廣東之時，因軍人頭腦單簡，他們缺乏政治人才，由國會議員楊暢卿（永泰）領導之政學系，當日是與舊桂系密切合作的，軍閥們靠暢卿為靈魂，言聽計從，故楊暢卿由財政廳長而升為廣東省長，把持民財兩政，一時炙手可熱。民九，粵軍回粵，舊桂系與政學系，同時垮臺，溜之大吉。及至滇桂聯軍驅走陳炯明，廣州初定，那時筆者由香港乘省港輪船返穗，在船上遇見幾位政學系的二三流人物，記得林正煊、林正烇、勞勉、何惺常、游金銘等，均是粵人，亦筆者所素識，不過派別不同，若輩皆是楊暢卿的親信，在餐樓內喁喁細語，若似互商大計者，看見筆者入餐樓，立即停上談話，改談天氣的寒暄，筆者已知若輩必有陰謀，看見沈鴻英率兵到粵，又復捲土重來，要替沈鴻英劃策了。

林正煊等自然不願國民黨獲得廣東地盤，乃勸沈鴻英輸誠於北方軍閥吳佩孚，他們一切的行動，俱是受楊暢卿所發蹤指示的，吳佩孚雖然與陳炯明有默契，此時見炯明軍事失敗，不能立足於廣州，若得沈鴻英軍為擾粵之爪牙，亦大佳事。

吳佩孚乃壓迫北京政府下令，於十二年三月二十日，特任沈鴻英為廣東督軍（那時是黎元洪復職總統，等於傀儡。）

是年四月十五日，沈鴻英居然即在廣州西郊之石井，宣布就北政府所委廣東督軍之職。

國父知沈軍之必叛，事前已有準備，一面命令滇軍即在廣州進兵討伐，一面命令古應芬督飭駐四邑之粵軍，向西江進發，佔據肇慶，以斷沈軍之歸路。

豈意滇軍與沈軍，一經交綏，沈軍即棄甲曳兵而逃，以肇慶已不能通過，乃由北江退入湘贛邊境，不久，便全軍瓦解。

計由民十一年十二月中旬，至十二年四月中旬，國民黨「元老派」自展堂以下，為國父所凍結，未予使用者，凡四月之久。

當沈軍未叛之前，展堂有一長函，命專人呈與國父，再三申述沈鴻英之不可靠，洋洋數千言，筆者曾經見過此函稿，全文現已忘記，僅記得最後有幾句云：「……漢民受任於敗軍之際，奉命於危難之間，邇來二十有一年矣。……」是借用諸葛亮出師表的說話，十分沉痛，自道經過甚苦。

沈軍敗走後，國父知「太子派」聯沈計畫之錯誤，傳葉夏聲至大本營，大加申斥，幾至要被扣留，賴陳少白解圍乃免。省長徐紹楨，財廳長楊西巖均辭職，孫科之市長則不辭。

（九）

國父乃命人至香港，敦請展堂返穗，倚重之如初，展堂只允就任大本營總參議，而推薦廖仲愷為廣東省長，鄒魯為財政廳長，「元老派」至是始再抬頭。

廣州之南堤，設有一所「南堤俱樂部」，晚間開放電影，以供軍政界人員之休息。十二年夏秋間，筆者偶到該處坐談，適展堂及孫哲生均在座，此外尚有多人，談及哲生企圖聯絡沈鴻英的運動，展堂嘲笑他人的詞鋒，一向是很尖銳雋永的，哲生年少氣盛不能忍，反提出陳炯明未叛前的舊事，謂陳的反動，是展堂所激成，你一唇鎗，我一舌劍，兩人竟拍案大罵起來，不歡而散，是為「元老派」與「太子派」磨擦的掌故。

說者謂展堂輔助國父數十年，革命運動期間，任何同志，都被國父責罵過，獨胡漢民汪精衛朱執信三人，素為國父所敬禮，從來未曾稍假以辭色，哲生以世姪輩而如此，可謂太沒分寸，不止幼稚而已。

孫哲生與展堂口角爭執之後，事為國父所聞，曾誥誡哲生，謂後輩對於前輩，應守相當之敬禮，並引述孔子的遺教，謂「幼而不遜悌，長而無述焉，老而不死是為賊。」幾句名言，諄諄昭示哲生，勉其於「謙遜」兩字多多注意，哲生亦能遷善，在大本營遇著展堂，表示道歉，兩人遂和好如初，一笑而罷。於此亦可見國父感召力之偉大矣。

平心而論，陳炯明的反叛，完全是其自私之心使然，意圖霸廣東，為「南天王」，故不惜勾結吳佩孚，欲將國父排出廣東地盤之外，處心積慮，蓄之已久，其親信謀士金師爺（名章，字浩庭），不特不為之糾正，反為逢君之惡，助紂為虐，以致革命大業，受一挫折，絕不關展堂所激變，此不過欲加之罪而已。

展堂之於陳炯明，感覺其行動有異，認為有危機，為顧全大局起見，不能不予以忠告，同志間抱「如切如磋，如琢如磨」之道義，率直規勸，冀其覺悟，是正當的本份內事，惟措詞之間，則應善為斟酌，以能婉轉動聽，使對方有接納的可能性為宜，若果語氣稍微過火，或於對方責備不留餘地，則對方每因「氣」的不能平，即會發生不良的反應，由是而易起裂痕，若再不圖補救，裂痕愈來愈深，勢必不可收拾。俗語說得好：「星星之火，可以燎原。」結果便闖出大禍。陳炯明一個人的身敗名裂，殊不足惜，革命大業中途受挫，則損失無可補償了。故「言語」一科，為孔門弟子重要的「科目」之一，一言可以興邦，亦可以喪邦，其關係可謂大矣。

展堂先生之為人，立身行己，自有本末，有其不朽之所在，革命勳業，政事文章，均足千秋，若論到他平日對一般同志說話的態度，常會超過了「恰到好處」的水準，每每使人難堪，此層真是不可為訓，此並最公允的論斷也。

民十三年三月，大本營成立之初，廖仲愷原任財政部長，沈鴻英敗走後，徐紹楨辭職，展堂推讓仲愷為廣東省長，所遺財政部長一職，展堂則薦所謂「交通系」之葉恭綽氏繼任。

（十）

葉恭綽原是北洋政府的舊官僚，在所謂「交通系」坐第二把交椅的，比時忽然投入革命陣線，而且負財長重任，似係奇蹟，茲乘便述其原由於下：

梁士詒本有財神之綽號，袁世凱死後，無所依歸，財閥與軍閥，其趨勢是必須互相利用的，交通系遂與東北的軍閥張作霖結合。民十一，梁士詒曾一度組閣，任國務總理，是由張作霖撐腰的。任事僅一個月，即被直系軍閥吳佩孚所推倒，那時國父鑒於中原為直系軍閥所盤踞，欲圖打倒直系，自非連絡與直系為敵之「奉張」及段祺瑞不可，由於汪精衛的努力斡旋，歷史上有名的「孫段張」三角同盟告成，「奉張」以葉恭綽為粵人，與展堂有誼，命葉南下聯絡，展堂與葉，早歲在穗同廳府縣試及鄉試，素有往還，又同應書院試，在文擅互相角藝，久為文字之交，又同是番禺捕屬的鄉誼，梁士詒既有財神之稱，恭綽是梁氏手下第一人，而廣東因迭經變亂，財政未入軌道，軍費極感拮据，展堂遂思利用及葉，獻議於國父，使其理財焉。

國父以陳炯明的叛軍，尚盤踞東江，臥榻之旁，不容叛逆鼾睡，必須絕去後顧之憂，方可與段張會師中原。十二年八月，命展堂以總參議名義，負大本營留守之責，國父統率滇軍楊希閔，桂軍劉震寰，粵軍許崇智，三支大軍，親征陳炯明。九月，進攻惠州，豈意滇桂兩軍，士氣消沉，不甚賣力，許崇智所部粵軍，本來曾經百戰，向來異常奮勇，此次因友軍不能合作，粵軍獨力難支，惠州久攻不能下，俄而陳軍大舉反攻，滇桂軍先退，粵軍亦不得已，節節後退，兵敗如山倒，收容亦感困難，國父行營，先由前方退石灘，再退石龍，陳軍步步迫迫，國父乘火車的車頭返廣州，陳軍迫近廣州之東北郊，勢甚危急。

展堂既受命當守廣州，見前方軍事不利，急電湘南，徵調湘軍，一面嚴飭粵漢鐵路局長李仙根，剋日準備大量車輛，以為運輸湘軍之用，於是譚延闓統率所部，可以及時趕到，立即加入前線作戰，滇桂粵三軍，見有生力軍來援，士氣大振，一致反攻，陳炯明的叛軍，遂如強弩之末，不能穿魯縞而逃。

為革命策源地之廣州，反危為安，展堂負留守重責，此役調兵神速，其功殊不可沒。

（十一）

獨國父與展堂，一向抱百折不回之心，不甘安逸，展堂對於吳稚暉之言，痛駁不留餘地，直指為太過老朽昏庸。國父見蘇俄能同情於我，亦認為不宜錯過機會，民十二年秋冬間，俄人鮑羅廷到粵，由廖仲愷伴同晉見，鮑羅廷以國民黨組織不健全，故革命成績，不能如理想，獻議改組，重行登記黨員，國父概予接納，於十二月十二日，中國國民黨發出改組宣言，由國父以國民黨總理身分，特派胡漢民、汪精衛、譚延闓、廖仲愷、孫科、伍朝樞、鄧澤如、譚平山等八人為臨時中央執行委員，聘鮑羅廷為顧問，（譚平山是跨黨份子），籌備召開國民黨第一次全國代表大會。

十三年一月二十日，中國國民黨開第一次全國代表大會於廣州，到各地代表一百七十餘人，會期十日，通過黨綱章程，頒布歷史上有名的〈第一次全國代表大會宣言〉，明揭對內對外之政策施行方法，確定國民黨最高權力機關為全國代表大會，閉會期間則為中央執行委員會，由大會推選中央執行委員會十二人，組識中央執行委員會，推選監察委員五人，組識監察委員。經此次改組，黨的基礎鞏固，組織嚴密，黨務推行迅速，正式容納共產黨，亦由此次大會始。

大會一切宣言文告及章制，當時均由汪精衛一人秉筆主稿，而由展堂潤色之，大本營秘書長楊庶堪，亦有參加工作，其餘諸重要同志，不過任抄寫之役而已。

國民黨容納共產黨合作，為近代中國一件極重大之事，此一政策，是由國父孫中山先生本人衷心所裁定，而為之奔走斡旋最出力者，則是廖仲愷。至於展堂先生，則他的衷心，始終不以共產黨為然的。國父未逝世以前，國民黨內，顯然已分為左右兩派：左派主張容共；右派始終反共。展堂隱然是右派的首領，不過展堂眼見當日的形勢，國民黨侷促於廣州一隅，內憂外患交迫，東路及南路，尚有陳炯明的殘餘勢力未除，大本營倚為干城之滇桂兩軍，隨地開煙開賭，暮氣沉沉，除了要求發給餉械之外，絕無革命表現，使人為之氣結，為加強充實革命之力量起見，自然急切需要一面練兵，一面求取外援，其時蘇俄既然同情援助，則暫時容納共產黨，使其為三民主義而奮鬥，亦屬不得已之舉，因「渴」得太厲害了，明知是「鴆」，也要吞下的。

展堂之於國父採取聯俄、容共、扶助農工，三大政策，心不謂然，而未有力阻，且明知阻之亦未必有效，故聽其自然。

國民黨右派之鄧澤如、古應芬、鄒魯、林森、居正、吳鐵城、劉成禺、謝持、覃振、李文範、蕭佛成、胡毅生、鄧青陽等，均極力反對容共的，國父一概不予接納，廖仲愷當時則極為接近汪精衛的，故汪氏成為當時左派的首領，陳公博、甘乃光、陳樹人，宋慶齡、何香凝、陳璧君、褚民誼、經亨頤、王法勤、王樂平等均屬之。

（十二）

國父決策聯俄容共之後，蘇俄立即有軍械援助，國父乃於十三年五月，特派今總統蔣先生為黃埔軍官學校校長，開始積極練兵，汪、胡、廖諸公，於此事均一致贊成，開辦時經費支絀萬分，陳璧君且變賣首飾，捐出以助。

國父既與段祺瑞、張作霖有三角同盟之協定，十三年九月段系之浙督盧永祥，與直系之蘇督齊燮元，在上海崑山一帶，發生戰事，國父以北伐時機已至，決定親自督師，響應段張，遂命展堂留守廣州，代行大元帥職權，國父親自率兵北上，不意師次韶州，忽有廣州商團之變。

廣州的商場，遍佈於西關及長堤一帶，因迭經變亂，外省軍隊入粵，常有發生搶劫之事，商人為自衛起見，呈奉政府批准，自行組織武裝商團，以資自衛，由來已久，自國民黨改組後，實行容共，革命空氣，籠罩華南，若干頑固反動份子，以為不利於己，思有以破壞之，會廣州商團團長陳廉伯，原充滙豐銀行廣州支行買辦，乃假借商團名義，購械練兵，企圖阻撓革命，國父燭其奸，密加防範，後來果然發現商團祕密私運軍火入口，當即悉數扣留，陳廉伯復煽動商人罷市以示威，又勾結陳炯明為外應，預招土匪二千餘人，假充商團，在廣州之西關，武裝戒嚴，公然作反。

廣東省長廖仲愷無法彈壓，滇桂軍又袖手旁觀，不肯用命，國父乃由韶州發出電令，調廖仲愷仍為財政部長，以展堂復任廣東省長，代行大元帥職權，責令負責平亂，奠安後方。

展堂接事後，立即調黃埔軍校學生軍，及李福林駐河南之福軍，將商團包圍，勒令悉數繳械，陳廉伯幾乎被逮，逃遁來港獲免，叛變敉平，是役滇桂兩軍竟按兵不動。

十三年九月三日，蘇浙兩軍，在上海崑山一帶開戰，歷史上名為齊盧之戰，直系之齊燮元與段系之盧永祥交綏。

九月五日，國父發出通電，為盧永祥聲援，電文是展堂起稿，節錄其大意於下：

……曹錕骫法行賄，瀆亂選舉，與吳佩孚同惡相濟，以賣國所得，窮兵黷武，毒流四海，本大元帥夙以討賊戡亂為職志，誓必翦此蟊賊，以除民害，剋日興師北指，期望各方將帥，同時並舉，決無南北之分，只有順逆之辨，其間絕無中立之地，亦絕無可以旁觀之人，露布一到，祈即會師，務使曹吳諸賊，次第伏法，布告天下，咸使聞知。……

通電發出後，東北的奉軍首領張作霖，立即響應，於九月十六日，進兵入關，討伐曹吳。蘇浙之戰，因直系之軍閥孫傳芳，由閩出兵入浙，以助齊燮元、盧永祥兩面受敵，不支而敗。奉軍則分為五路，大舉入關，曹吳則分兵三路迎戰，以彭壽莘為第一路，王懷慶為第二路，馮玉祥為第三路，奉直兩軍九月十六日開始接觸於朝陽，奉軍奮勇異常，節節前進，直軍退秦皇島，奉軍入山海關，吳佩孚復以海軍運兵謀大舉反攻。

（十三）

先是，五六年前，直軍混成旅長馮玉祥，駐兵安徽之武穴，同情於國民革命，國父特遣汪精衛潛赴武穴，與之密切聯絡，馮遂輸誠於國民黨，而未敢露面，輾轉數年，馮氏因緣時會，逐漸擴充武力，至是，洊升至直軍第三軍總司令，擁眾數萬，乘曹吳與奉軍相持不下之際，突於是年十月二十三日，回師北京，發出主和通電，一面截斷吳軍之歸路，吳佩孚遂一敗而逃，曹錕亦不得已而下野。

馮玉祥以京津一帶已定，一面與張作霖擁戴段祺瑞為臨時執政，一面電請國父晉京，與段張會商國是，履行三角同盟的諾言。

國父遂於十一月十三日離粵北上，偕汪精衛、戴傳賢、李烈鈞、何香凝、陳璧君、孫科等二十餘人同行，命展堂留守廣東，代行大元帥職權。

國父於離粵時，發出對解決時局之宣言，此次宣言，是汪精衛起稿，略經展堂潤色，其大意如下：「……往者國事之糾紛，皆由武力與白色帝國主義者相勾結，故其所措施者，無一不是有害於人民，此後補救之方，務使武力與人民相結合，全國之一切武裝，悉數使成為人民之武力，而不再為軍閥之武力，以絕軍閥之為禍，故主張召開國民會議，大量容納人民團體，以民意解決國是，而在國民會議之前，先召開預備會議，以為國民會議之張本。……」云云。

國父於十一月十七日抵止海，十二月四日始到天津，北京為一國之首都，勢不能日久無政府，段祺瑞遂被各軍推戴為臨時執政，段氏竟不待國父駕到，於十一月二十一日發出召集善後會議及國民代表會議之主張，又宣言尊重歷來與各國簽訂之條約，旋於二十四日入京，就臨時執政之職。

國父十二月四日到天津後，寓於行館，張作霖即來訪謁，國父旋往回拜，時值天寒，在中途感冒，又聞段祺瑞種種專斷獨裁，尤憤其違背國民黨廢除不平等條約之主張，一怒之下，肝疾乃大發，三十一日扶病入北京。

十四年一月十七日，國父雖臥病，仍命汪精衛主稿，致電段祺瑞，堅持善後會議，必須容納民眾團體代表之主張。段氏於二十九日乃答覆，僅允於善後會議之內，加聘民眾團體代表為專門委員，列席會議。

國父以身在北京，又為病魔所纏，遂不再在北京發言。是時國民黨中央黨部設在廣州，展堂為留守，代行大元帥職權，一時成為「黨政軍」之重心，遂由展堂領導主持，用國民黨中央執行委員會名義，在粵發佈宣言，聲明北京召開之善後會議，未曾容納本黨總理之正當主張，本黨一致議決，不參加會議。

（十四）

十四年二月一日，段祺瑞包辦之善後會議開幕，十三日舉出，前清遺老趙爾巽為議長，湯漪為副議長，以迄四月二十日閉幕結束，開會期間，國民黨始終未有派員出席。

國民黨在廣東之黃埔，積極練兵，以今總統蔣先生主其事，由廖仲愷為黨代表，於十四年二月，已有一部分學生軍，訓練完成，可以成軍。於是，由展堂以代行大元帥職權之名義，特任蔣先生為黨軍司令，兼廣州衛戍司令，吳鐵城為衛戍副司令。國父在世之時，任用蔣先生為粵軍總司令部參謀長，及黃埔軍官學校校長，蔣先生之直接統兵自此始。

國父十三年離粵北上，以肅清陳炯明之責，付之展堂及在粵各武裝同志，至十四年一月，接獲情報，陳炯明聞國父病耗，以為有機可乘，又企圖反攻廣州，展堂遂在大本營召開軍事會議，決定分三路拒敵；許崇智統粵軍會同黨軍任右翼；劉震寰統桂軍任中路，攻惠州；楊希閔統滇軍任左翼，攻河源。二月一日粵軍及黨軍出發，連克東莞石龍，十四日即達淡水，而楊劉之滇桂軍均屯兵不進，蔣先生知非速攻，必墜奸謀，乃於十九日奮擊逆軍洪兆麟部，大敗之，佔領平山，直下海豐。

捷報傳至北京，國父雖已疾篤，臥在病榻，亦為之欣慰萬分，口令致電嘉獎，並勉以務須徹底肅清餘孽。

三月十二日國父逝世於北京行館，噩耗傳至廣州，全省「黨政軍商學報」各界人士，無不哀慟，如喪考妣。國民黨中央執行委員會，由展堂領導主持，一致議決，一切悉遵國父遺命，以南京紫金山為萬年吉地，靈櫬先停北京中央公園，後厝西山碧雲寺。展堂電派國父生前隨從武官黃惠龍、馬驤二人，留居北京西山，負責守衛靈櫬。

先是民六國父率海軍南下，倡導護法時，非常國會推舉國父為海陸軍大元帥，兩廣巡閱使陸榮廷及雲南督軍唐繼堯為元帥，國父已在粵就職，而陸唐兩人均不就職，民十二，國父於驅逐陳炯明離穗之後，再次蒞粵，仍稱大元帥，而推唐繼堯為副元帥，唐仍不表示就職。

至是，國父逝世消息傳至昆明，唐繼堯始於是年三月十八日通電就副元帥職，並以有楊希閔一支滇軍在粵為之聲援，又暗中派員與陳炯明勾結，竟欲由雲南率兵經桂入粵，冀登大元帥高位。

展堂以其就副元帥職，是無所謂，若未得大本營同意，而擅自出兵經桂入粵，又勾結留粵之滇軍及叛逆之陳炯明，則殊難容忍，遂由大本營及中央黨發表聲明，反對唐繼堯之東下。於是，廣西亦響應，反對唐氏借途，唐氏目的遂失敗。

（十五）

豈意唐繼堯野心未死，暗中派員勾結駐粵之滇軍，冀為己助。而駐粵滇軍之統帥楊希閔，來粵已滿三年，於防地開煙開賭，與及走私，有三年時間，所得之孽錢，自然不少。大抵不論什麼軍閥，無論大小，懷中有了錢，由軍人而變富翁，那時的革命心情，便會煙消雲散，沉下的暮氣，自然流入腐化之途！此是一定的因果律。與滇軍狼狽為奸之桂軍統帥劉××，亦不會例外，國父在粵之時，屢次督促楊等出兵東征，消滅陳炯明的餘孽，給他們去幹光榮歷史的出路，奈言者諄諄，楊等則聽者藐藐，意氣消沉，毫無鬥志。筆者有一次在大本營，親眼看見國父已將東征計畫籌備就緒，面諭楊等出兵東征，指導他擔任某一路，乃他們不是請求多發軍餉，便是覬覦蘇俄運來的軍械，不知國父已決定將這幫軍火，發交辦理黃埔軍校之用，楊等則堅請分我一杯羹，國父當然不會答允，在他們之意，若不分給與之，便以軍械不敷用為名，不願出兵東征，激到國父啼笑皆非，不免在楊等的面前，表露出極不愉快的態度。國父肝病的逐漸嚴重，楊等二人的激氣，實足以致之。及至商團意圖作反，省長廖仲愷，曾親往訪晤楊等，請其派兵協助解決商團，他們仍然按兵不動，及至黃埔學生軍及福軍出動，他們不出一兵一卒，袖手旁觀，及後看見商團全部繳械，楊等又復請求分我一杯羹，惟利是視，冥頑不靈，一至於此！當日的情形是如此，欲望滇桂兩軍忠於革命大業，可說是絕無希望的了。

大約楊等自己亦知道對人不住，失去國民黨當局的信心，既已日暮途窮，更加倒行逆施，竟接受唐繼堯的勾結，一面暗通陳炯明，欲步沈鴻英的後塵，企圖佔據廣州。民十四年四五兩個月內，他們積極預備反動。

此時正是展堂代行大元帥職權，根據各方情報，知滇桂軍將會作反，立即召集各路軍事長官在大本營開祕密會議，今總統蔣先生此時統率黨軍，主張迅速解決楊劉，以免養雖為患。

六月十三日，展堂即以代行大元帥職權名義，下令將楊希閔劉××兩人免職，命令各路軍事長官，密切連絡，將滇桂軍合圍，責令繳械。

於是，東江方面蔣先生所統之黨軍為首，會同許崇智軍，及西江之李濟深軍，同時並舉，將滇桂軍四面包圍，不滿三日，全軍二萬餘人，悉數繳械。於此可見養肥了的軍閥，不論大小，是不堪一擊的。

人云：治軍如養鴂，飢則為用，飽則遠颺。此話半點沒錯！

（十六）

自從國民黨採取聯俄、容共、扶助農工三大政策之後，適值「孫段張」三巨頭打垮曹吳，共產黨遂藉國民黨之掩護，分頭活動，京津滬粵漢各大城市之工會、農會、學生聯合會等，均為共產黨滲透的所在地，施行他們的恐怖政策，企圖搗亂社會的安寧秩序。民十四年五月三十日，上海公共租界發生歷史上有名的「五卅慘案」。

慘案之發生，由工人要求改善待遇而起，因勞資兩方不協調而罷工，逐漸發展為齟齬，終至雙方衝突，死傷工人七八名，巡捕又逮捕數人，於是各校學生受共產黨之鼓動，巡行示威，為工人聲援，最後發展至學生糾合群眾千餘人，包圍巡捕房，要求釋放被捕者，外籍巡捕竟開鎗示威，結果傷斃學生及群眾數十人。

共產黨又陰謀在廣州施行恐怖，繼上海之後，搞出所謂「沙基慘案」。

滬案發生後，共產黨發動廣州各界聲援上海工人，於六月二十三日舉行示威巡行，參加團體有粵港澳工人團體、國立私立各大中小學生、農會代表、黃埔學生軍，及各軍代表等，巡行至沙面對岸之沙基，由共產黨徒先向英法租界開鎗轟擊，沙面英法租界之守軍，不得已而還鎗，於是泊在白鵝潭的英法軍艦亦發炮，互擊半小時，結果，群眾死傷二百餘人。

沙基慘案發生之時，展堂尚在代行大元帥職權，及廣東省長任內，他知道慘案的內容，是共產黨故意搗亂地方秩序，惟恐天下不亂的舉動，徒然以頭腦簡單的學生與工人為犧牲品，心裡極不以為然，惟事已至此，官廳不能不「打官話」，乃向沙面英法兩國總領事館提出嚴重抗議，並要求懲兇及賠償，領事館完全拒絕，將責任推諉在先開鎗者，交涉不得要領。

共產黨遂決定封鎖沙面，斷絕省港的交通，以示與英國經濟絕交，僑港工人亦紛紛回穗，罷工的男女，幾達十萬人，中英屢經談判，皆無結果，延至民國十五年十月，省港交通方恢復。

展堂對於共產黨所發動的一切恐怖行為，皆持反對心理，極不謂然，只以當時所執行的是國父在生時所決定國策，一時無法攔阻，其內心的痛苦，只有展堂自己及知己同志知之。

（十七）

先是，展堂於上年第二次再任廣東省長之時，廣州市長孫科辭職，胡毅生頗思繼任廣州市長，展其抱負。大約展堂因毅生是其介弟之故，為表示大公無私起見，市遺缺，不欲由「阿哥」任命毅生，乃決定改為選舉制，由市民投票選舉。當時競選者兩人：一為胡毅生；一為伍廷芳老博士之哲嗣伍朝樞。兩位均有良好的背景，可說得是旗鼓相當。筆者聞人言，展堂實在是支持伍朝樞的，選舉的結果，是伍氏當選，展堂掌握政權時之公正無私，即此一端，足證其餘。

伍朝樞的思想，是右傾的，他的太太何女士，是本港爵紳何啟的女公子，伍氏接任廣州市長之時，省港的罷工風潮，尚未解決，伍朝樞曾祕密請示於展堂，企圖和平解決罷工案，當時香港政府曾表示，可以由滙豐銀行借港幣一億元與廣東政府，以解除罷工及恢復省港交通為交換條件。伍朝樞以香港方面的意思，報告於展堂，展堂心裡是右傾的，自然表示同意，方在祕密磋商之中，尚未十分成熟，而忽然發生一件意外的大事，大本營改組為國民政府，展堂竟被迫下野，事在民國十四年七月一日。

此事的前因後果，不能不詳細寫出，上文曾經敘述過，民十三，國父裁定聯俄、容共、扶助農工三大政策之時，國民黨的重要幹部，顯然已分為左右兩派：

左派以廖仲愷為中堅，是絕對主張容共的，仲愷之夫人何香凝，那時與陳璧君甚為友善，由此而仲愷亦極接近汪精衛，大約仲愷知道自己的聲望，未足以鎮壓群倫，所以企圖拉汪精衛為左派的首領。

右派以展堂為首班，他是一向懷疑容共政策，衷心反共而被環境所限制無可如何的。

國父未逝世之前，汪胡二氏，一切政見與行動，是一致的，甚至可說是同一鼻孔出氣。讀者可一查汪氏所著〈雙照樓詩詞稿〉，他於行刺滿清攝政王而入獄時，在獄中謠傳展堂於辛亥三月廿九之役殉國，精衛於獄中哭以詩，有句云：「祈憐二人血，不作一時流！」看此兩句詩，可知汪胡二人的友誼，如何的深而且厚，有似劉關張的「不願同年同月同日生，但願同年同月同日死」的神氣。汪胡兩人情義的密而且切，為全黨同志所共曉的。

（十八）

民元，國父返粵，展堂偕行，適陳炯明辭職，廣東省議會票舉汪精衛為廣東都督，汪氏由滬電辭，議會改選展堂為粵督。精衛旋亦返粵，此為汪氏在北京出獄後，第一次歸鄉里，入居西關陳璧君的外家。汪氏家人聞報，聯袂前往相見，筆者亦在其列，坐談不到十分鐘，展堂亦來，汪先開口曰：「得你做了我的替身，好極了！我一身都鬆了。」云云。展堂微笑答之。於是，兩人攜手入密室談話，我們在外間，完全不知他二人談什麼說話，大約有三刻鐘之久，兩人乃步出客廳。此為民元之事，筆者親眼看見的。汪胡二人的友誼，在那時以至於民十三，其親密的關係，非親骨肉所可比擬的。

當年國民黨除國父之外，汪胡是共同分坐第二把交椅，兩人的工作，性質則有多少分別，黨中同志，皆認為胡是「坐宮」；汪是「行宮」。展堂經常是在國父身邊，真的一人之下，萬人之上，無人可以與他比擬的。汪則多數是擔任「外勤」，小事可不算，其最著之工作，如民元「南北統一」之和議，北方首席代表是唐紹儀，南方首席代表，雖然是伍廷芳，但伍氏本是前清官僚（郵傳部侍郎，駐美國公使），武漢起義之後，始贊成革命，國父重其老成，故列為首席，其實則精衛當時為和議之中堅核心，一切秉承國父意旨，完成其使命。其後，由民九以至民十三，孫段張三角同盟之組成，完全是精衛奉國父之命，始終其事，一手斡旋。民十三之冬，國父北上，展堂留守廣東，由精衛在國父身邊，輔弼一切。有「歷史性」之國父遺囑，亦汪氏所起草，汪胡兩人，在國父生前，是分工合作，殊途同歸，始終未嘗發生過磨擦，迄國父逝世後，汪胡乃開始分道揚鑣。

由民元至民十四，汪精衛雖已知名於國際，但十餘年之內，絕未就過一官半職，那時他的名片，並無銜頭，但他不論去到什麼地方，只憑著「汪兆銘」三個字的名片，去拜訪那些所謂「大總統、副總統、督軍、巡閣使」任何要人，那些要人，無一個不禮重他的，便是最叛逆的陳炯明，對汪氏亦異常敬重，故汪氏在黨中的地位，是可以與展堂分庭抗禮的。因此之故，共產黨心知展堂是反共的，不合利用的，國父既然逝世，自然不會願意以展堂繼任首領，又眼見汪精衛在國民黨內的資格與名望，不下於展堂，於是看中了汪氏，自然企圖利用之，同時最接近共產黨之廖仲愷伉儷，與汪精衛伉儷，四個人是常時聚首在一處的。

（十九）

汪精衛的為人，本來是一位很「恬澹」的好好先生，為黨中各同志所公認的。他由民元至到民十四，真可以說得是「與世無爭」，況且，他與展堂先生一向是交稱莫逆，一位原是前清的舉人，一位是前清「案首入庠」的秀才，都是早歲已經飽讀線裝書之人，應視「禮讓」二字為當然之事，許多同志，都估不到國父逝世後，汪氏竟會取展堂的領導地位而自代之，恐怕世人至今仍未十分明白。

此事的原因，相當複雜，一言難盡，概括言之，有四個因素：

第一、共產黨心知展堂的心理是反共，自鮑羅廷以下，不願以展堂繼承國父為國民黨的領袖；第二、廖仲愷向共產黨一面倒，為展堂所不滿，閒談中每為展堂所責備，胡廖間的感情無法彌縫，仲愷為貫徹他的理想起見，圖謀展堂退讓，改推汪精衛為首領；第三、汪氏本人雖然恬澹，但他的夫人陳璧君，於國事黨事，素具熱腸，自然會具有所謂「支配慾」，仲愷伉儷遂乘此弱點進言，很容易一說便合，第四、展堂先生平日在黨內待人接物的風度，每每過於嚴峻而尖銳，為領袖者，「精明」自然是必要的條件，但精明到適可地方便要止步，凡事應該留些餘地與別人為宜，倘若事事不留餘地，精明得太過了，便容易接近「精刻」，為人所畏，因此黨中亦有許多位重要幹部，不甚滿意展堂先生，以其固不似國父之豁達大度，無所不容，亦不如汪精衛氏之融和而易與也。

基於以上四個的有力的因素，廖仲愷所企圖改組大本營為國民政府，改推汪氏為領袖一事，很容易水到渠成，汪氏亦不由自主，犧牲了他在民元所標榜「不做官」的舊主張，接納廖仲愷伉儷的勸進，要出任艱鉅了。

國父生前所頒佈的《建國大綱》，軍政及訓政時期，規定組識國民政府，領導革命大業的。仲愷等於十四年六月底，趁展堂先生偶然因事未有出席中央政治會議那一天，突然根據國父手訂的《建國大綱》，提出改組大本營為國民政府一案，推汪精衛為第一任國民政府主席，兼軍事委員會主席，國民黨中央常務委員會主席，驟然以一位「秀才」，總攬黨政軍三位一體的大權，展堂先生呢，推他屈就外交部長兼國民政府常務委員之一。

此一件「晴天霹靂」的改組案，是共產黨及蘇俄顧問鮑羅廷所策動，廖仲愷所一手經理，並有過半數出席中委所支持，通過發表之後，展堂始知，事前他並未與聞的。

（二十）

民十七之春，展堂由上海放洋出國遊歷，筆者適因他事由滬返香港，無意中與展堂同乘美國郵船「塔虎脫」總統號南下，在舟中傾談積愫，展堂曰：「先生棄世後（先生指國父），精衛若想做首領，我是廿四萬分贊成的，我以為是求之不得之事，他若事前通知我，我豈有不同意之理，希文！別人或者不知，你應該知，我和他自從赴日本留學，加入同盟會以來，可說是他即是我，我即是他，由他幹，和由我幹，是無絲毫分別的，我真不明白，他何以事前絕不通知找，難道恐防我會反對改組麼，我的仔肩輕一些，豈非更好，他如此祕密，乃是信我不過而已。」

展堂先生這一段說話，自然大部分是他肺腑之言，的確不錯，倘若精衛能將廖仲愷計畫的改組案，事前先向展堂說明，措辭婉轉一些，展堂不是一定反對的，數十年曾共生死患難的「老友記」，豈有不能諒解之理。乃精衛先生計不及此，一切任從廖仲愷的擺佈，改組大本營，是一件重大的決策，事前完全未曾取得這位「代理大元帥」的同意，連一個「知」字亦無之，的確是一件難以為情之事。平心而論，講公道話，我們設身處地，亦曾替展堂抱不平。關於此一節，汪精衛是對展堂不住的。

但事前之所以不給他知，不是精衛一個人的本意，自是共產黨人及鮑羅廷廖仲愷等的主張，恐防萬一洩漏，或會發生意外的阻力。精衛是一位好好先生，為左右的環境所包圍（包括陳璧君在內），自然亦有他的為難之處。

展堂先生對筆者之言，謂「精衛信我不過」一語，此是他的胸襟「看不開」的毛病，未能諒解「老友記」處境之難，他一生常在國父的左右，本是一位極忠實的信徒，於國父的寬宏大度，竟學不到，他一生的心事，有如萬里之長，而度量之狹，狹到不可以形容！恩怨過於分明，適足以示人不廣。蓋其天賦的才能與福澤，使其擔當全黨的領袖，條件是未夠的。此不是筆者一人之言，公諸全黨的同志，與廣大的讀省，皆必有此同感也。

汪胡二氏在政治舞臺上之分道揚鑣，是由大本營改組為國民政府一案而起，嗣後兩人如參之與商，縱然藕斷絲連，已無再次密切合作之可能性，此為國民黨史內一件重要的掌故，現在寫出來，筆者亦為之扼腕，不免擲筆三歎也。

歸結此事之論斷，是共產黨作祟，國民黨上了當，而廖仲愷呢，是以國民黨重要幹部的身分，而甘心做共產黨的貓腳爪，則百辭莫辯焉！

（二十一）

大本營改組為國民政府一案，既已順利通過，民十四年七月一日，國民政府正式成立於廣州，選出國府委員十六人，其各單為汪精衛、胡漢民、譚延闓、廖仲愷、戴傳賢、孫科、伍朝樞、許崇智、林森、程潛、張人傑、古應芬、朱培德、張繼、徐謙、于右任。

汪精衛兼國府主席，廖仲愷兼財政部長，許崇智兼軍事部長，胡漢民兼外交部長，徐謙兼司法部長，孫科兼交通部長。

展堂於國民政府成立之翌日，亦就外交部長職，汪精衛於國府成立之初，任用與展堂最接近之李文範為國府秘書長，大約乃是表示對展堂的尊重與客氣，不欲使他十分難過的意思。

國府及各部，既已分別成立，此時的廖仲愷，成為一位「炙手可熱」的重要角色，於政治方面，他是國府委員兼財政部長，於軍事方面，他是黃埔軍校的黨代表，於黨務方面，他是國民黨重要的中委而與共產黨最接近之一人，可說是當時「黨政軍」三位一體的核心。

十四年八月二十日，廖仲愷偕其夫人何香凝及中央監察委員陳秋霖，同乘汽車赴中央黨部（在廣州市之惠州會館），甫登石階，兇徒數人，突起狙擊，仲愷中要害，遽卒。陳秋霖亦被創，後二日亦死。獨其妻何香凝，不傷亦不死，大約上天有意，留此老婦生命，完成其丈夫未竟之志，要將中華民國由他倆一手經理送與共產黨，所以她至今「老而不」，以絕不懂僑務之老婦人，偏要擔任紅朝的僑務委員會委員長，言之可為痛心！

暗殺本來是一件不可為訓之事，遠者不暇細論，民元，孫袁合作，清帝退位，民國告成，是可喜事；民二，袁世凱使人暗殺宋教仁，孫袁遂永遠分裂，孫氏之建國大計固受挫，袁氏亦終歸不利；民七，舊桂系踞粵，國父率海軍南下，號召護法，桂系恨海軍總長程璧光之不己助，使人暗殺程氏於海珠，終無補於桂系日後之慘敗；民九以後，粵軍回粵，是國民黨再抬頭之機，陳炯明使人暗殺鄧鏗，亦無補於陳逆日後之一敗塗地，暗殺之不可為訓如此！

後來經過徹底的調查，證明主使暗殺廖仲愷的人是朱卓文，他本人亦曾直認不諱。

朱卓文是中山縣人，本是國民黨的老黨員，革命運動時期，他幹地下工作，擔任運動綠林豪傑參加革命，乃是所謂「走政治纜」之人，曾在中山縣與他人爭任中山縣長，動起干戈，思以武力爭奪，曾受國父所痛斥，一向有「老粗」之名，因恨廖仲愷之受共黨利用，故有此舉。以現在時勢來評論，其志是可嘉的，就當時的形勢而言，則「刺廖」的風潮，鬧得太大了！

（二十二）

展堂是讀書明理之人，頭腦相當清楚，胸襟狹一些是天賦的，但萬萬不會要暗殺同志之理。主張不同，思想不同，是另外一件事，展堂決不會要置仲愷於死地的。真估不到，竟緊隨改組大本營為國民政府一案之後，晴天霹靂，再來一次出乎意料以外之事，杯弓蛇影，使這位曾任「代理大元帥」的胡先生，要受不白之冤。當局竟因一時感情的衝動，懷疑展堂是主謀刺廖之人，真可說得是冤哉枉也！

所謂「當局」，不是指某一個人，是有好幾位：第一個便是仲愷的愛妻何香凝，婦人死了丈夫，自然會傷心，何況是死於非命，又是死於丈夫最「行運」之時，不免加倍憤恨，由此而疑三疑四，疑鬼疑神，共產黨則自鮑羅廷以下，失去他們的貓腳爪，少了一個最堪利用的角色，故對於何香凝懷疑的心事，很容易表示同情。

其次，汪精衛國府主席的地位，多半是由於仲愷出力捧場，一手替他打來的，以仲愷慘死之故，有過份的傷感，亦是人情之常。

又其次，那時今總統蔣先生，主持黃埔軍校，積極練兵，仲愷是兼任軍校的黨代表，與蔣先生並肩工作，屢次由蔣先生率黨軍東征，勢如破竹，場場勝利，繳獲軍械無算，黨軍實力，日形充實，革命形勢，方在蒸蒸上，一帆風順之際，忽然被人刺死他最得力的夥伴，亦是極難為情之事。

仲愷之死，展堂之所以受嫌疑，大部分是其弟毅生所連累的。毅生自從競選廣州市長失敗之後，開設文華堂文具店於廣州市之廣大路，樓下舖面營業，樓上設俱樂部。又辦報館，名曰《國民新聞》，宗旨是極向右傾，其社論大力宣傳反共，對於仲愷的行動，痛罵至體無完膚。又攻擊及於汪精衛，短評內有「聖人不死，大盜不止」的字樣。因精衛在黨內，素有「聖人」之綽號，在當時的環境與氣氛之下，能有如此的作風與表演，可說得是極大膽的，值得欽佩！其時筆者亦常有到文華堂坐談，毅生曾囑筆者為之算命，毅生的命運，本來是平常，惟筆者有反共的同感，那時亦未深信命理，為獎勵其奮鬥起見，極力恭維他，謂「算君之運，貴不可言」，毅生迷信以為真，決心鼓吹反共，不遺餘力，卒至闖禍！及今思之，筆者是對毅生不住的。

毅生主持之《國民新聞》，風骨凜厲如此，仲愷被刺案，毅生若不受嫌疑，方是奇怪，展堂是其兄，安得不受連累呢！

（二十三）

廖案發生後，朝野震動，中央黨部召集全體中委及國民政府軍事委員會全體委員，開聯席會議，咸以毅生為有嫌疑，惟亦不過嫌疑而已，尚無實在的憑據，自非徹底調查不可。於是，決議推汪精衛、許崇智及蔣先生三人，組識特別委員會，負完全責任，辦理此案。

當時的老大哥鮑羅廷，其說話足以左右汪許蔣三公的，加以何香凝啼啼哭哭的叫囂，胡氏兄弟的小劫，便無可逃避了！

於是由特別委員會令派黃埔新練的黨軍，前往逮捕胡毅生，及搜查文華堂，毅生原寓廣州市德宣西路，坐南向北之屋，前面對正舊總統府，黨軍到毅生住宅，適商會會長鄒殿邦，由胡宅內進出至大門，恰與黨軍迎頭相遇，黨軍執而問之曰：「你是否胡毅生？」因黨軍非粵人，言語不通，爭論良久，後來殿邦取出商會會長的名片許多張出來，黨軍乃釋之。在此短短時間內，毅生在內面，已聽聞外面有外省軍人要找他，心知不妙，急由後門避去，乃不致被逮（這位鄒殿邦君，現時尚居留本港）。

黨軍在胡宅內，找不著毅生，遂轉往胡青瑞及展堂住宅內覓之，青瑞住宅亦在德宣西路，坐北向南，在舊總統府之西便，青瑞最倒楣，竟被黨軍拉去，後來查明不關他的事，知道逮捕錯了，審判官朱培德，很禮貌地遣送其回家。

展堂先生是聰明絕頂之人，更為機警，聞有軍隊入門，於青瑞被逮之時，急由後門避往西華二巷汪精衛家中，汪不在家，此時之陳璧君，不甚明白廖案內容，不無惑於何香凝之言，亦恐受包庇展堂之指責，遂請展堂往珠江二沙頭之頤養園小住，派出軍警保護之。

展堂到了頤養園之後，汪精衛、何香凝等均有去看他，何香凝是善哭的，動不動以「寡婦」、「未亡人」的身分，向展堂撒賴，指住和尚罵禿奴，展堂只得用好言安慰之，於仲愷之死於非命，亦表示極痛心的哀悼。

汪精衛則不免怪責一下毅生，並問展堂道：「毅生的行動，你知情否？」展堂答道：「是否毅生主謀殺仲愷，我完全不參加意見，此案關係重大，自應徹底調查，以明真相，你可秉公處理，無所用其客氣，若講到我，豈有鴆入羊叔子，如果懷疑及我，則太過滑稽，我豈是暗殺朋友之人，何必多談，但聞得青瑞家兄亦被逮，則使我午夜難安，家兄一向不問黨事政事，你所深知的，我和你兩人，都是幼年喪父，同是靠長兄教養成人，請你千萬不可難為青瑞家兄，是為至要。」精衛又道：「此事是他們誤會，大先生已平安回府了。」展堂道：「如此甚好！」

後來特別委員會的汪許蔣三公會商，已明白展堂於廖案無涉，而鮑羅廷則嫌展堂的思想未搞通，要趁此機會替他洗腦，主張送展堂到莫斯科遊歷，展堂遂有蘇俄之行，其親信的同志李文範，辭去國府秘書長一職，與展堂之女公子木蘭，隨同前往，事在民國十四年初冬。

（二十四）

展堂出洋赴蘇俄之後，國民政府將駐粵各軍之番號，重新調整改編。黨軍司令蔣先生，數月以來，領導各軍東征陳炯明，節節勝利，功績燦然，繳獲軍械無算，俘虜亦眾。蔣先生汰弱留強，黨軍實力為之大增，當時的黨軍，儼然成為國民政府最有力之砥柱，汪精衛兼任軍事委員會主席，召開軍事會議，決議將駐粵各軍，一律改番號為國民革命軍，以黨軍立功最偉，應居首位，將黨軍改編為國民革命軍第一軍，特任蔣先生為軍長；湘軍譚延闓為第二軍長；贛軍朱培德為第三軍長，粵軍許崇智為第四軍長；福軍李福林為第五軍長；雜牌軍程潛為第六軍長；分別由國府特任，六軍旋即宣告成立，隨後桂軍之李宗仁亦向國府輸誠，乃特任為第七軍長。

蔣先生本來是許崇智軍的參謀長，自從展堂出國後，蔣先生為充實革命軍之質素起見，認為許氏所部，有整頓之必要，取得汪精衛主席之同意，請許氏暫時離開部隊，以便代為徹底整理，許崇智亦有謙讓之德，肯予接受，離開廣州，赴滬休養，所遺第四軍長一缺，由國府特任李濟深繼任。

查當日之國民革命軍第一軍，師長是何應欽、王柏齡，團長是顧祝同、劉峙。國民革命軍第四軍，師長是張發奎、陳濟棠、陳銘樞、徐景棠。當日的七個軍，後來北伐成功，以「一四七」個軍的戰功最偉，「二三」兩個軍次之，「一四七」三個軍所部的各師長，後來均能建立光榮的歷史，飛黃騰達，各有千秋焉。

十四年冬，軍隊改編完竣後，此時國府一面修明內政，整頓稅收；一面整軍經武，籌備北伐。黨政軍全體人員，均具有一副蓬蓬勃勃的朝氣，亦是蔣汪兩人最能精誠合作之秋，海內外人士，對國府均寄以極大的期望。

惟「派別」與「歧見」，是無法避免的。自從展堂被迫出國之後，國民黨右派中委，及幹部諸老同志，咸認聯俄容共之政策為危險，於民國十四年十二月廿三日，在北平西山碧雲寺國父靈柩之前，召開會議，發佈宣言，反對容共，聲明開除共產黨的跨黨份子的黨籍，此事在國民黨史內，名為「西山會議」，其在場出席者，名之為「西山會議派」。出席之重要人員為林森、鄒魯、居正、張繼、謝持、覃振等。其主張亦殊足以樹一時的風聲，給全國人民以特殊的印象。因他們是堅決反共，表示絕不與共產黨妥協的，他們並以書面警告那時領導廣州政權的汪精衛。

（二十五）

民十五年一月四日，中國國民黨由汪精衛領導，召開第二次全國代表大會於廣州。除發表宣言，繼承國父所定聯俄容共扶助農工三大政策之外，改選第二屆中委及監委，通過接受國父遺囑，續聘鮑羅廷為顧問，並以西山會議派的行動為違背黨紀，聲明應予懲戒。此時之國民黨左右兩派，可謂針鋒相對。

廣州第二屆選出之中委，展堂仍有名，但開會時，展堂在莫斯科，未有出席。

民十三年由國父領導，召開第一次全國代表大會時，今總統蔣先生，有緊要任務在上海，旋奉國父命，赴蘇俄考察，因此蔣先生未有出席第一次全國代表大會，是以國民黨第一屆選出之中委，蔣先生未與其列。民十五年由汪精衛領導召開之第二次全國代表大會，選出第二屆中委，蔣先生始被選為中委焉。

民國十六年，國民革命軍定鼎南京，定為首都。十七年全國統一。十八年在首都召開第三次全國代表大會，此次是由展堂領導開會的。汪精衛此時出國在野，未有出席，且發表宣言，反對出席的代表是由中央指派，惟三全大會選出之第三屆中委，汪精衛仍被選有名，出席代表頗多對汪氏責難者，展堂且為之迴護。

由是觀之，二屆大會是由汪氏領導，展堂未出席，而當選為中委。三屆大會是由胡氏領導，精衛未出席，而當選為中委。三屆大會是由胡氏領導，精衛未出席，亦依然當選為中委。他倆雖然分道揚鑣，藕雖斷而絲仍連，其微妙如此。

在南京開三全大會時，胡毅生已被推為廣東出席的代表，且已到了上海，筆者在碼頭遇著他，但其時「刺廖案」尚未水落石出，毅生的嫌疑尚未解除，仍未能到京出席。

民十五年一月，第二次全國代表大會閉幕之後，二月份一個月，國民政府勵精圖治，埋頭苦幹，局面甚為安定，匕鬯無驚。三月二十日，忽然發生一件轟動一時的所謂「中山艦案」。此案之複雜與關係之重大，筆者至今實在尚未十分明瞭其內幕，可以說得仍是一個謎。據黃埔軍校教育長王君柏齡之言，則謂當時蔣先生根據特別情報，偵悉共產黨蓄有陰謀，將有非常舉動，企圖以中山艦劫持軍事當局，圖謀不軌，蔣先生主為先發制人計，臨時迫得未及與國府及軍委會連絡，必須作緊急之處置，命令當日第一軍之團長劉峙、顧祝同，漏夜在廣州大捕共產黨，將海軍局長兼中山艦長李之龍扣留，鮑羅廷亦被監視。此役可說是一項非常的措施，為朝野所震驚的。身任國民政府主席，兼軍事委員會主席的汪精衛，事前竟完全無所知，聞報大為震驚，因蔣先生駐節黃埔，汪遂產傳團長劉峙、顧祝同兩人到主席官邸，大加申斥，並下令將二人扣留。蔣先生聞報，乃由黃埔返穗，向汪氏陳明原委，係臨時緊急處置，由第一軍本部發動執行，自當由軍長負責，不關顧劉二人之事，請予保釋。蔣先生並自行呈請議處，汪蔣間之不協調自此始。

（二十六）

汪精衛對於蔣先生的非常處置，因事前未知，心中雖然不滿，但他對於蔣先生的才能與功績，是十分欽重的。當時革命策源地的廣東，東路的陳炯明餘孽，南路反動的鄧本殷，方由一四兩軍先後予以蕩平，全省剛剛統一，廣西亦已加入革命陣線，雅不願「中山艦案」而發生內部裂痕，故對於中山艦案的應付，只有予以默認，惟從此表示消極，許久未有到國民政府視事，有一個期間，一切政事，等於停頓的狀態。

話要說回頭，展堂先生攜兒到莫斯科之後，自不免要與蘇俄當局交際應酬，交換意見。展堂之生平，於書無所不讀，所謂「馬克思」主義的內容，他已爛熟於胸中。此時被流竄到蘇俄，若企圖解脫回國，說話與態度，自然要從權。「見人講人話，見鬼講鬼話」，展堂當然優為之，他對蘇俄當局所表現，能盡其「偽裝前進」的能事，蘇俄當局，大為驚異，認為如此良好人才，何必派遣來俄，宜使其回國發展革命事業。展堂遂安然由蘇俄派人保護其回國，事在民國十五年之夏。

展堂返抵廣州之時，適值在「中山艦案」發生之後，此時汪精衛方持消極，閉門謝客，竟未與展堂把晤。蔣先生則在黃埔整理軍事，亦未與展堂相見。

展堂以「元老」的資格歸國，雖然有招待報界記者，發表政見主張，惟各方面均持消極，並無反應，且在「中山艦案」糾紛之後，「蔣汪胡」三巨頭之間，不無若干隔閡，展堂亦殊有無聊之感，乃決意離粵，赴香港作小休。

此時汪精衛因有很久未有到國府視事，一切例行公事，乃由常務委員譚延闓處理。蔣先生駐節黃埔，積極訓練新編之國民革命軍第一軍。那時的汪精衛一方面重視蔣先生的非常才幹，一方面接納「中間人」譚延闓的調解，以革命策源地的廣東，方告統一，黨的行動，亟宜一致，力避分裂，勸精衛勿為已甚。汪氏遂決心離粵，與陳璧君遠赴法國小休，國府主席，由譚延闓代理。

天下事「無巧不成書」，展堂由蘇俄回國之後，汪胡兩人在穗未有晤面，而兩人離粵之時，剛剛同時乘搭省港輪船赴香港，好像兩人是有約在先的，其實完全是湊巧，彼此事前完全不知，兩人在輪船內均是緊閉房門，到港後亦係各自先後登岸而去，大約兩家的隨員，在輪船之室外會有碰頭，心知其事，故事後有許多同志，知道有此情形，民十七之春，筆者與展堂同舟，曾以此事為問，展堂曰：「誠有之，當時我不知精衛與我同船，若果事前知道，我一定約他談話的。」云云。此節可說是有多少「戲劇性」了。

（二十七）

精衛離粵赴歐之時，曾致一長函與國民革命軍第一軍長蔣先生，函中大意，仍以「中山艦案」事前不知為遺憾，略謂「此後革命大計，當由吾兄秉承國父遺教，努力幹去，吾兄若能完成建國事業，實現三民主義，則弟雖終身流亡海外，在所不惜，苟不能貫徹始終。………則那時全黨同志需要弟再出而領導革命，以與吾兄相週旋，弟亦不敢辭。……」云云。措詞大致是如此，是不卑不亢的，此亦國民黨史內，一件重要掌故也。

關於「中山艦案」發生之時，筆者雖在廣州，但筆者那時是在廣州國府財政部工作，部長是宋子文先生，筆者站在「事務官」的崗位，絕未與聞大計，故於「中山艦案」的內容，實在未曾明白。事後訪之於王柏齡先生，僅略談其大概。上文已敘述過，王先生是最接近當時軍部之人，所言自有其根據，筆者聽過之後，淡然置之，亦未再深切考究其內幕。

由民元至民九，除國父之外，本黨先進諸公，筆者最信仰朱執信先生。自從民九朱氏殉國後，筆者則與幼年之受業師古湘芹先生（應芬）比較接近，但亦不過任中下層工作，關於黨國一切大計，久已不聞不問，蓋有自知之明，才力薄弱，不敢負荷重大事。古先生是最接近展堂的，自從汪胡分道揚鑣之後，展堂於汪氏諸弟兄，亦驟然疏遠，與從前之可以參與密勿者是兩樣。自此以後，筆者眼見諸領袖間如此不協調，深感苦悶，更加流於消極。故筆者中年以後，可以說是一個「不革命」之人，有負「獻身革命」的初衷，言之慚愧！竊謂本黨若果朱執信先生不死，諸領袖決不致分道揚鑣，發生派別的鴻溝，甚或陳炯明亦不會叛變，革命事業，可望不致屢受挫折，言之可為長太息也！

筆者寫文章，向來是信筆直書，想起什麼，便寫什麼，因此往往會寫出了題目之外，此毛病是在所難免的。前面既寫到朱執信，回憶起來，有許多關於執信的史料，是可以報導出來，作為國民黨黨史之重要史料的。執信與胡展堂的關係，可謂太密切了，現在順筆附帶一寫朱執信，俾讀者由此也可以明瞭展堂的全貌。

朱執信先生可設得是國民黨內一位「超人」。他的母親，乃筆者的姑母，是姑表弟兄，他比筆者大五歲，童年同在沈孝芬先生書塾讀書，共筆硯者有年。他比精衛先生少兩歲，以輩數論，他與精衛雖是舅甥，以年歲論，若兄弟手足而已。宣統辛亥之冬，展堂出任廣東大都督，執信任大都督府總參議，時年僅二十七歲，適與諸葛亮初出茅廬之時相同。展堂之於執信，是虛左以聽，都督府內，不論內外大小公事，展堂擬定了一個處置辦法，倘若執信不以為然，只要執信說一個「不」字，或一個「否」字，便可立將展堂的主意推翻，改從執信所主張的辦法施行。所以當時有人謂朱執信方是「太上」大都督。最難得是展堂亦能「言聽計從」，如魚水之相得，可說是劉備與諸葛亮，不能專美於前了。

（二十八）

陳炯明繼展堂之後，為廣東都督，亦是一樣，因炯明在前清時，曾肄業廣東法政學堂，朱執信是他的教師，份屬師生，自然更加不客氣。民元，陳炯明決策，要將民元以前起義的各路民軍，全部解散，以節軍餉。李福林的福軍亦在奉令全軍解散之列。

執信不以為然，特因比事往晤陳炯明，謂各路民軍，可以任從其解散，獨福軍則非保留不可。陳氏頗有難色，因其人之個性是剛愎自用的。執信大怒，立即右手拔出左輪手鎗，左手執持陳氏手臂，謂你若不接納我的建議，我現時先打死你，我亦立即自殺。陳氏至此不敢不從，立即下手令，保全福軍。後來民國六年，國父率海軍南下，號召護法，成立大元帥府於廣州之河南，河南一向是福軍防地，由李福林派兵擔任拱衛之責，執信之有遠識如此。

民九，執信在虎門遇難殉國，靈柩運回廣州，在南堤天字碼頭上岸。筆者親眼看見國父攜同宋慶齡偕展堂等，從碼頭步行，親自執紼，送執信靈柩至東沙馬路，並登山送葬，國父之重視執信亦如此。

即今總統蔣先生之於執信，亦非當禮重。民七，蔣先生在上海請執信為其封翁蔣肅菴先生撰墓志銘，執信亦欣然秉筆為之，原文見已刊行之朱執信文集內。文內敘蔣朱二人的交誼綦詳，執信先生之「學」與「行」，足以使人敬而且畏，其感召力的偉大，是不可思議的。

吾人讀《三國志》的歷史，劉備晚年東征孫權，兵敗死於白帝城，諸葛亮歎曰：「法孝直若在，必能制主上東行。」蓋劉備之伐吳，諸葛本不謂然，徒以劉備恥關羽之辱，仗義起哀兵，諸葛無以難之，故不克勸阻。兵敗後乃追思，以為法正若不死，當能兩人合力制止劉備此行。蓋當日蜀漢的人才，法正是與諸葛相伯仲的，於此可知「中堅人才」之生與死，足以關係其國之興與衰。朱執信倘若不死，國父之後，蔣汪胡三領袖，必能接受執信不可思議的感召，可能始終精誠團結，不致中途分道揚鑣，削弱了革命的中堅力量，以致黨國屢受挫折，甚至稱為本黨敗類的陳炯明，有其師尊朱執信在，必不敢犯上作亂，可斷言也。

今者時局每況愈下，筆者流亡海角，眼見「紅」水橫流，共匪坐大，「東望王師已六年」，想起了朱執信，不禁為之涕泗橫流也！

（二十九）

國民黨的中堅人物，除了朱執信之外，譚延闓亦是一位不可少的要角。朱以「凜若冰霜」使人敬畏；譚以「和靄執中」使人敬愛。兩人的說話，均能重如九鼎，即如「中山艦案」之發生，筆者當時目擊汪精衛席中樞會議之後，歸家時神經衝動至不能自制，不及從容自解其領帶，竟將領帶用兩手大力撕破，怒不可遏。其左右之左傾份子，竟有主張其調動新編之二三四五六七軍，以應付第一軍者。幸得譚延闓居間調停，汪氏終能接納譚氏意見，不致發生內訌，後來由蔣先生領導北伐成功，無所掣肘，譚延闓之功，誠不可沒。及後民國二十年，因約法一案，展堂與蔣先生發生歧見，因譚氏於早一年已暴卒，調解無人，展堂退休於湯山，西南各省竟有「非常會議」之召集，另組國府，以抗中央。是年秋，連續鬧出九一八瀋陽事變，天下從此多事，牽一髮而動全身，至今海外同志，猶痛惜譚延闓之早死也！

這篇文章，敘展堂先生的事跡，不過寫至民國十五年，已排至第三十節，大概已寫了二萬字之譜，不覺其辭之費而且贅，但係凡事之發展，皆有其前因，乃有其後果，必須將其經過情形，和盤托出，方能明白其歸結之所以然，故無法減少其所欲言。民國十四年三月十二日國父逝世時，雖有遺囑，而未指定繼承領導革命之人，此為一件最失策的漏洞。後來將大本營改組為國民政府一案，展堂因「事前不知」而有遺憾。汪不告，胡不諒，鴻溝遂分。加以有「廖仲愷被刺案」之插曲，事件愈形複雜，汪胡二人，在黨中地醜德齊，一個半斤，一個八兩，兩皆富有由我領導的熱忱，其發生磨擦自是意中事，蓋為無可避免者矣。

竊以為胡之於改組案，汪之於中山艦案，若兩人均能不念小我，側重大我，坦率同情，能夠不懷絲毫的「憾」，則蔣汪胡三巨頭，必能毫無隔閡，黨內太平無事了，其奈無此度量何！故筆者謂國父臨終之時，未曾指定繼承領導革命之人，是一件失策的漏洞，不為無因也。

（三十）

國父良好的遺教甚多，書不勝書，其最偉大的說話，謂吾人之所以要獻身革命，其出發點是為著「愛」人，為著滿足四萬萬五千萬同胞之福利而革命，而絕不是「自私」。故不論中外人士，凡向國父請求墨寶者，國父多數是大書「博愛」兩字付之，筆者亦曾蒙賞給一幀，蓋國父的胸襟，是充滿偉大的「愛」，亦即吾國聖賢之所謂「仁」，甚至犯上作亂之陳炯明，應該罪在不赦者，國父亦曾宣稱：只須陳炯明親筆具一紙悔過書，即可網開三面，既往不究。其「愛力」之不可思議如此！

最可惜者，汪胡兩氏，天下後世皆知其為國父生前最親信而又最得力的左右手，兩氏之才學與道德，均各有其水準，非吾人所能及。但兩公之「愛力」的份量，則真追不上國父，度量亦追不上國父。即如大本營改組為國民政府一案，展堂因事前不知，以此憾汪先生，後來蔣先生發動「中山艦案」，汪氏亦以事前不知，以此憾蔣先生。此兩事似乎有多少因果循環，在當時視之，胡汪兩氏，均是犯了將事件看得太重的毛病，現在事後觀之，實在不值得太過重視，此兩事都不過是小圈子的問題，當時應該彼此相忍相諒為合，應該使大事化小，小事化無為宜，何必因比小事終身抱撼，可謂太不上算！

就人事而言，大本營改組為國民政府一案，汪氏於事前不告胡氏知之，表面上似乎未合友情，惟汪氏當時之處境，至為複雜，亦有其為難之處，上文已詳言之，自有其不能不從權之苦衷。

後來之「中山艦案」亦然，關係於緊急安危之機，間不容髮，稍縱即逝，蔣先生當日之非常處置，亦是出於不得已，將相貴乎相忍為國，如昔日廉藺之交歡為美，汪氏以此為憾於懷，棄職遠去，亦未必為全黨同志所同情的，此亦《春秋》責備賢者之意也。

吾國歷史上的堯舜，後世所稱為大聖大賢的，大舜微時，不為其父所喜，後母及異母弟，且欲置之死地，是失去父愛之可憐人。幸而堯帝知大舜之賢，不特予以大用，且準備傳帝位於舜，又以二女妻之，大舜概予接受。後世論者，以大舜不告其父而娶，於孝道有虧之一說，孟子為之辯正曰：「告則不得娶矣。」蓋古說不孝有三，無後為大，若舜將堯之意稟命於父，萬一被否決，便不得娶，勢必無後，反為不孝之大者。

明乎此，古聖人亦有必要從權之時。汪先生於改組案不先告胡知，與蔣先生於中山艦案之不先告汪知，皆有其不能不從權之因素。汪胡兩氏，如能以大局為重，何所用其遺憾哉！故筆者謂汪胡兩氏，胸襟度量，均不如國父，「愛力」亦不逮，此蓋是一般讀書人的毛病呢！

（三十一）

查展堂先生生於一八七九年，歲次光緒己卯。精衛先生生於一八八三年，歲次光緒癸未。蔣先生生於一八八七年，歲次光緒丁亥。胡汪兩先生若果現尚生存，胡先生是七十八歲，汪先生是七十四歲，蔣先生今年是七十大壽。三位巨頭相比，剛剛是胡先生比汪先生大四歲，汪先生比蔣先生大四歲。以年齒論，自然是胡先生居長，蔣先生最少。但國父逝世時，所謂革命策源地的廣州，困守一隅，四面皆敵，東江陳炯明，南路鄧本殷，常懷蠢動；北方諸軍閥，更為虎視眈眈。當日廣州的環境，實在是岌岌可危，自從得蔣先生掌握兵權（胡氏首先以代帥任命為黨軍司令，汪氏繼之以國府主席任命為國民革命軍第一軍長），先之以統一廣東，不二年，繼之以統一全國，戰功之偉，古所未有。汪胡兩先生，若能有自知之明，既是功不如人，何必斤斤計較於首席之領導，若能以從前輔弼國父之精神，綴續輔弼蔣先生，悉力於公，而不及私，則完成建國大業，實現三民主義，並不是難事，又豈有今日「紅」水橫流之慘禍哉！知人論世，讀者當不河漢斯言。

但有一節，筆者如骨骾在喉，仍須吐之為快。胡汪兩先生之長處，均在政治，因他倆均是士人出身，而是在日本留學法政的，他倆於軍事均為外行，無可為諱。蔣先生則屬文武兼資，北伐成功，軍事雖佔絕對勝利，政治則尚未能如理想。抗戰勝利之後亦然，日寇投降，軍事自然是全勝，勝利後之政治則是一團糟，此無他，病在政事人才之未充實而已。汪政權之財政部長周佛海下獄，初判死刑，後改無期徒刑，那時筆者投荒來香港，為國憐才，曾寫筆者的自白書一冊，凡六千餘言，寄呈南京當局，文內力陳預防「經濟崩潰」為當務之急，希冀政府能留用周佛海，後來不滿三年，金圓券垮臺，竟不幸而言中，可為扼腕也！

中共竊據大陸，已六七年，其財政支出之巨，遠在國府在大陸時預算之上，乃中共之幣制，始終能站得穩，彼亦人也，我亦人也，豈有他們做得到，我們做不到之理？「財經政策」實在宜與軍事並重，財經人才，決不能忽視，興言至此，愈使人思念周佛海也。

（三十二）

展堂之於人才，頗能留心扶掖與任用。民初，日本仕官畢業之魏邦平，本不隸國民黨籍，展堂拔之為都督府參謀長，使其佐治軍事。日後陳炯明率粵軍於民九回粵，驅逐舊桂系軍閥，乃得魏邦平與李福林聯合行動，響應粵軍，立功甚偉。凡黨中之同志，展堂均能量才器使，使能各盡所長。民初，李煜堂原任財政司長，不久，以其不甚稱職，立即改用留學日本習政治經濟之廖仲愷繼其任，以鍾榮光辦理嶺南大學夙負聲譽，即任用為教育司長。筆者之長兄祖澤（字通甫）在日本留學時習法律，即任用為司法司長。陳鴻慈亦是學法律的，以其人鐵面無私，即任用為都督府軍法處長。用為警察廳長之陳景華，其治蹟更為膾炙人口，至今使人追思不置。筆者之次兄宗洙（字道源），本在前清廣東水師提督李準之幕府，任文案職，奉展堂命，為地下的活動，策動李準贊成革命者，及兩廣總督張鳴岐逃，李準遂命宗洙代表到香港，迎接展堂赴穗，就大都督職。展堂以宗洙為都督府參事，宗洙與仲愷，同時有紅鬚軍師之稱。當時與杜古金張齊名，均能各稱其職。展堂民初所任用之縣長，以其為親民之官，尤能慎重銓選人才，故民國初年廣東之吏治，頗為可觀，與民國後期吏治之貧污載道者，真有天淵之別矣。

汪胡兩家，本是三代世交，展堂之胞叔胡金甫丈（毅生之尊翁），是先叔祖芙生先生之門人，與先君子少年共筆硯，以世交論，筆者兄弟與展堂昆仲，算是平輩。辛亥九月，軍政府成立之初，廣東之東江北江及西江，各路民軍蠭起，皆是接受胡朱兩先生所策動者，其實則皆是綠林豪傑，其時先君子（諱兆鏞，號憬吾）客居韶州之樂昌縣，任樂桂鹽埠的總經理，道梗中能返穗，展堂特派大家兄祖澤為北江民軍宣撫使，撥衛兵一百名護從，取道北江至樂昌縣，迎接先君子返穗，展堂並欲請先君子就任廣東鹽運使之職，先君子因年老，又欲以前清遺老自居，不願入仕民國，復書辭謝。民廿五，展堂在粵逝世，先君輓以聯云：「三世論交，烽火倉皇猶念我；尺書卻聘，疏水平生總負君！」雖簡單數語，亦紀實之言也。

（三十三）

展堂執政時，絕不肯徇私。民十三，其弟毅生，欲競選廣州市長，展堂反為支持伍梯雲（朝樞），使毅生競選失敗，此節上文已敘其詳。頃又憶起一件事：展堂之妻兄陳協之（融）品學俱優，郎舅間感情甚洽，但辛亥九月，協之不過初任司法司署的一等科員，尚為筆者的家兄祖澤所委派的。數月後有科長缺出，始以協之遞升。翌年，陳炯明繼展堂之後為廣東都督，協之乃獲升司長，蓋陳炯明曾肄業廣東法政學堂，協之亦是其師也。民廿一，西南政務委員會時代，展堂雖然高臥於香港之妙高臺，而隱然可以控制廣東的用人行政的，因西南政委會的常務委員鄧澤如、蕭佛成、鄒魯、陳濟棠等，均是國民黨右派的幹部，絕對信仰展堂之人，惟展堂之馬首是瞻的。陳濟棠等屢次提出，擬以協之出任廣東省政府主席，若以資格及人才而論，本來甚為適當，而協之則力辭，展堂亦不以此強之，卒由協之推薦林雲陔以自代，協之僅允就西南政委會的委員兼秘書長而已。胡陳兩郎舅能如此謙抑，真可風矣！

試觀民廿九後之汪政權時代，陳璧君要任用一名異常低能之陳耀祖為廣東省長（耀祖是璧君胞弟），在任三年之久，政事廢弛，一無成就，日惟沉迷於古董肆，於市儈斤斤計較於一二元之討價還價，玩物喪志，每日流連於文德東路，卒為愛國份子所鎗擊，肝腦塗地而死，為天下笑！協之與耀祖，雖然皆以懿親見重，一則以低能而靦顏居高位；一則以雅才而能謙抑自下。兩者相比，陳耀祖要愧死，真「活該」矣。

民元，展堂任用老黨員陳景華是廣東警察廳長，景華厲行解放婢女的運動，凡居民家中蓄有婢女者，不論官紳商家，均須一律交出。其年長者，由警察廳發交慈善團體擇配；有父母家長者，發還團聚；無家可歸而年稚者，發交孤兒院教養。一時雷厲風行，廣東人蓄婢之惡劣風氣，由此遂止。陳景華之德政尚多，以此事最為膾炙人口。

（三十四）

展堂之胞兄青瑞，其年齡較老，距離時代稍遠，積習相沿，家中蓄婢，成為習慣。青瑞的妾侍又多，凡五人，更加需要有奴役的婢女。其中有一妾，經常虐打婢女。有某婢被毆打之後，心中有所不甘，風聞警察廳解放婢女，遂走出街外，向站崗警察報告，謂被主人虐打，警察帶其返區署，區長詢知其為胡都督之長兄府上婢女，惶恐不安，不特不敢收容，且用善言勸該婢返胡宅。該婢痛哭不肯行，謂若回去，必再遭毒打，苦苦哀求援手。區長不得已，報告於廳長陳景華，景華立命將婢女解送警廳，親自詢問詳情，詢知此婢尚有老母，乃傳其母到廳領回，母女遂獲團聚。

青瑞聞報，大怒，親到警廳訪陳景華，要求將婢女發還，景華當然不答允，青瑞大為咆哮，有誓不干休的神氣。陳景華乃曰：「如夫人虐打婢女，是不對的，此婢女不得已而出走，我們站在人道的立場，和革命的立場，是應該如此做，我隨時可以不幹警察廳長，此婢女是萬難發還，倘若大先生認為非發還不可，請大先生囑胡都督將我免職，另委新人來接，那時由大先生向新廳長交涉，或者新廳長可以商量，我陳景華有一天職權在手，此事是無可商量的，萬望大先生鑒諒，恕難遵命」云云。

青瑞以不得要領，乃憤然赴都督府覓展堂，思以都督的高壓力，向警察廳討回此婢女，曾向展堂謂：「縱然你不給面子與我的家眷，亦應該給些面子與阿哥。」展堂答曰：「此事不能怪六逵（陳景華別字六逵），六逵並沒辦錯，解放婢女一案，事前是弟同意的，豈可以出爾反爾，自己打自己嘴巴，若如兄言，弟何以服眾，別事可以遵兄命，此事愛莫能助，萬無可能。」同時，又用善言婉勸其兄息怒，此事卒以不了了之。

青瑞竟因此事，憤極，隻身赴廣西，依附廣西都督陸榮廷，兄弟從此一別數年。

關於此一事，胡青瑞可說是老糊塗，展堂之大公無私，誠可人也。

民廿三，筆者於役南京財政部，是年夏間，因先君子患病，請假回粵省親，道經香港，登妙高臺，訪謁展堂，談話一小時又三十分鐘。那時汪精衛氏在南京為行政院長兼外交部長，展堂仍殷殷垂問精衛的近狀，並表示不以其兼任外長為然。筆者答謂若他不兼外長，便是無事可辦，那時行政院長的環境，可以說得是側重外交之責任的。筆者也曾問及，廣東何故不以陳協之為省政府主席，何必使用一位無咎無譽的林雲陔？展堂笑曰：「南京方面正在重用宋子文，任財政部長而兼行政院副院長，去年令叔精衛出國治病，宋子文居然代理行政院長，倘若廣東方面又是用協之，居行政首席，甯粵如此遙遙相對，豈非是一件笑話麼？」展堂先生說話的風趣，及其幽默，一生都是如此尖刻，可謂江山易改，品性難移了。

（三十五）

是年廣東佛教團體，歡迎駐錫南京之西康諾那活佛來粵修消災佛法，並為佛弟子開灌頂法會。諾那答允南來，在南京將近首途時，因筆者亦是諾那的弟子，將此事報告於汪精衛氏，請其以行政院長名義，致電廣東省市政府，令其於諾那到粵之日，務須妥為保護，以示政府懷柔遠人之至意。電文是筆者起稿的，由汪氏酌改數語拍發，這完全是徇筆者之請而發的，絕無絲毫的政治意味可言。乃因此時國內的政治舞臺，汪胡久已分道揚鑣，汪在南京，胡居香港，隱然控制著廣東的政局。省主席林雲陔，市長劉紀文及西南執行部的右派同志，接閱汪電，遽起恐慌，因陳濟棠頗崇奉佛教，他們懷疑，以為諾那此次南來，可能接受蔣汪的使命，有政治企圖，用佛法的幌子，暗中離間西南，拉攏陳濟棠。於是大起戒嚴，多方設法阻隔諾那與廣東軍人接近，取嚴密監視態度，因此累到諾那在穗，反為行動不甚自由。筆者聞此消息，即將諾那離京來粵的經過情形，報告展堂，證明並無政治關係，展堂乃釋然。後來諾那獲與陳濟棠相見，亦矢口不談政治，西南執行部的誤會始冰釋。此亦佛教掌故之中，一段小插曲也。

日本的著名戰犯土肥原，在東北製造「滿洲國」之後，曾到香港及廣州一次，分別訪晤展堂及廣州諸要人。筆者乘便曾向展堂問及此事，展堂諱莫如深，於土肥原之來訪，展堂並無任何意見吐露。筆者告展堂曰：「日本人詭計多端，其手段是『拆』法，分化我們，思以漢人制漢人，以遂其蠶食鯨吞之妄念，他們的政策，名為『水鴨式』外交，在水中用腳亂抓，以搗亂吾國之內部為手段。吾人對症發藥，宜以精誠團結應付之，未知胡先生以為何如？」筆者本交來並非奉有使命，向展堂遊說，不過是私交上交換個人意見而已。展堂雖以為然，但其成見甚深，城府牢不可破，久已決心不再與蔣汪兩氏合作，其所答筆者之言，都是口是心非，談到某一個階段，差不多給筆者說服，展堂又顧而談其他。筆者感覺話不投機，不欲再多費唇舌，而且坐了一小時又半，時間亦長，乃興辭而出。回穗省親事畢，遄返南京財部的崗位，此為民國廿三年夏間之事。

言歸正傳，上文敘述展堂先生一生經過的歷史，寫至「中山艦案」之後，展堂由蘇俄回國，在廣州不甚得意，無所展布，無意中與汪精衛同舟離穗，兩人抵港後，亦未約晤，各行各路，汪精衛陳璧君遠赴法國休息，展堂在香港小住數月，國民黨右派各老同志，反對本黨之容共政策者，大多數旅居於滬，紛紛函約展堂北上，會商黨事及國事是，展堂遂到上海租界作寓公，以觀時局的演變。一面與右派同志策劃反共大計，在滬居住，將近一年（約由十五年秋至十六年夏）。

汪胡同時離穗之後，蔣先生統率第一軍，會同友軍，陸續將陳炯明在東江之餘孽，完全肅清，使陳逆不留一卒一彈，陳逆逃竄來港，不久病死。蔣先生以消滅陳逆大功告成，通電中外，辭去第一軍長之職。筆者尚記得電文中最有價值的說話，謂「務使此後軍不成閥，閥不再興。」此兩語最為時人所稱頰。所遺第一軍長職，由蔣先生推薦何應欽將軍繼任。

（三十六）

陳炯明兵敗後，未死之前，匿居香港，貧甚。因欠繳電費，給電力廠截斷電線，以致無電燈可用。病死時，竟無以為殮，所部將官，均已風流雲散，由陳之謀士金浩庭（章）電告於展堂，由展堂私人贈以治喪費三千元，於此亦足以見展堂友道之厚。

十五年之夏，汪胡離粵後，廣東政局，蔣先生與譚延闓合作，仍與共產黨暫時妥協。且政策改容共為聯共，準備大舉北伐。十五年六月五日，國民政府特任蔣先生為國民革命軍總司令，七月九日就職，同日誓師北伐。俄而湘軍統帥唐生智來歸，國府任命為第八軍長。

八月十日，蔣總座率師抵衡陽，十二日至長沙，二十五日克羊樓司。蔣總座進駐岳州。二十七日革命軍與吳佩孚軍大戰於汀泗橋，吳軍大敗，武漢震動，九月七日漢口漢陽皆下。

九月十七日，馮玉祥在五原就國民軍聯軍總司令，宣布全軍加入國民黨。

十月十日，國民革命軍克武昌，二十日朱培德程潛兩軍克南昌，後來又失而復得，十一月四日克九江。

十二月十八日第一軍長何應欽率兵克福州，福建平。十六年二月十九日，進克杭州，浙江平。閩浙兩省，均由何應欽將軍兵不血刃而平，世稱何氏為「福將」，良有以也。

十六年一月一日，國民政府及國民黨中央黨部由廣州遷武漢，以武昌、漢陽、漢口三地為京兆區。

此時在武漢主持國府中樞之要人，雖由譚延闓、宋子文、孫科諸人領導，惟共產黨妬忌國民黨軍事進展之神速，陰謀阻撓，無所不用其極。一面電促汪精衛回國，企圖利用汪的招牌，以為攻擊蔣先生的利器，極盡其離間的能事！

三月廿二日，革命軍佔領上海，廿四日克南京，長江一帶皆已抵定。在北伐軍事進展期間，展堂在上海與國民黨右派各中委，策動反共計畫，至是已屆成熟階段。四月二日，國民黨右派執行委員與監察委員在南京召開會議，檢舉共產黨的罪行，宣布於中外，於是蘇浙皖閩及兩廣各省，同時開始清黨，將共產黨之跨黨份子，一律清除。展堂以第四軍長李濟深，本是由古應芬一手提拔出來的，指派古應芬督同李濟深負責在粵清黨，古李在粵誅戮共產黨不計其數，李濟深今日竟靦顏投靠於共黨，終當有被清算舊帳之一日呢！

談到李濟深，此人真是卑不足道。他在國民黨內的資格，實在淺得很，現在他居然膽敢自稱為「國民黨革命委員會」的「主席」，向中共靠攏投降，真可謂「不要臉」！

民十以前，李濟深是一個完全不現「經傳」之角色。民九粵軍由潭州回粵之後，鄧鏗（仲元）將軍是粵軍總司令部參謀長，兼第一師師長。李濟深當初不過在第一師當一名參謀。鄧將軍以其人勤懇而有謀略，拔升為師部參謀長。

（三十七）

國民黨先進朱執信先生在生之時，奉國父命，主持廣東地區的革命工作，古應芬及鄧鏗兩人，一文一武，實為執信先生的左右手。因此古鄧兩人，關係甚為密切。李濟深由鄧鏗之介紹，得與古應芬接近。民十一之春，鄧鏗被陳炯明使人暗殺，古應芬遂保薦李濟深繼任鄧氏所遺第一師長之缺。至是年冬，舊桂系軍閥沈鴻英所鬧「江防會議」之變，古應芬奉展堂命，集合粵系軍隊，退守江門，古氏充任江門行營主任（已詳上文）。李濟深得古應芬大力栽培，左提右攜，實力逐漸擴充，統率四個師，由陳銘樞、張發奎、陳濟棠、徐景棠四人分任師長。後來陳銘樞張發奎兩師，隨同蔣總司令北伐，李濟深統率陳濟棠徐景棠兩師，留守廣東後方，故民十六廣東之清黨運動，是由展堂特派古應芬在粵主持，李濟深是受古應芬之策動，執行在粵清黨任務的。

因李濟深是廣西人，他得了廣東地盤之後，與廣西後起之軍人李宗仁、黃紹竑勾結，組成所謂新桂系，時人呼為「李黃李」三角同盟。新桂系要將兩廣打成一片，造成「清一色」局面，於粵局稍微安定之際，李濟深竟將古應芬排擠，施用種種陰謀，給他許多難題，又無故逮捕古氏之幹部人員，使古氏不安於位而離粵（那時古氏是廣東政治分會主席兼廣東財政廳長）。

李濟深之忘恩負義，犯上作亂的行動，有類於陳炯明，日後自食其果報，不到兩年，民十八李濟深因事赴南京，此時蔣先生任國府主席，古應芬任國民政府文官長，胡展堂任立法院長，蔣胡古三公會商同意，將李濟深留於南京，因新桂系有異動陰謀，企圖作反。展堂於事前已有準備，命古應芬暗中連絡陳濟棠，責以大義，引導其擁中央。李濟深既被扣留，國府遂明令將其所領之第八路總指揮一職免去，特任陳濟棠氏繼其任，陳濟棠之發跡為南天王，自此始。

李濟深是由古應芬一手提拔，本來可說是受恩深重，乃凶終隙末，待古氏太過不忠，不兩年，其所部師長陳濟棠，竟取而代之，信是因果報應了！陳濟棠氏比李濟深忠厚，故陳氏在粵之成就，比李為勝。筆者以為李濟深專用術而無學，交友不以誠，此其所以不濟也乎！甚矣，書之不可不讀如此！儒將之難求如此！

（三十八）

我們讀過二十四史之人，以古鑑今，可知凡恃著個人的聰明，玩弄權術，自以為本領勝過別人，目空一切，任性而行，而其精神上無「學問」的修養者，結果多是「鮮克有終」。歷史上的先例太多，舉不勝舉，姑且舉一兩個例，是人所共知的：遠者如曹操，史稱為一代奸雄，一生玩弄權術，其事業雖然是有所成就，但及身不能統一全國，蓋棺論定，是與王莽齊名，後世論者，「操莽並稱」，殊不足貴，近者如袁世凱，亦以權謀邁眾名於時，對清室，則欺負孤兒寡婦，對民國，則戕殺元勳，一生使用權術，不信不義，其成就亦不過僅能取快於一時，曇花一現，及乎其術已窮，圖窮匕見，取消帝制，氣死於新華宮，為天下笑，此無他「不讀書」、「不知足」、「無學問」之過也。

號稱為中興清室的名臣曾國藩則不然，他讀破萬卷書，學而優則仕，用兵與秉政，一本儒先之道，知所進退，克破南京之日，乃弟曾國荃進言曰：「難道我們一定要向他人叩頭的麼？」要擁亞哥稱帝的心事，已躍躍欲動。其湖南同鄉的文人王闓運（壬秋），武將彭玉麟，均祕密勸進。曾國藩用一個「妄字」答覆之，此無他，讀書人能格物致知，深明「四時之序，成功者退」的哲學，亦與老子「知足不辱，知止不殆」的學說相吻合。以功名始，亦以功名終，不亦懿乎。

遠者如諸葛亮，劉備死時，謂曰：「嗣子可輔則輔之，如其不才，君可自取。」劉備死後，諸葛開府視事，蜀漢全國的「政」、「軍」大權，均操於一人之手，倘若他遵依劉備所囑而「自取」，是易如反掌的，但諸葛則不然，聞劉備言，汗流浹背，口稱雖肝腦塗地，不足以報知遇，終歸他是「鞠躬盡瘁，死而後已！」蓋棺論定，史筆推為三代下第一人，名垂千古焉。

曹操與諸葛，一樣為漢室丞相，曾國藩與袁世凱，一樣為清室最大權的總督，曹操與袁世凱是一類型，諸葛亮與曾國藩是一類型，嘗考其所以歸趨各異之故，蓋曹操是讀書而不消化之人，袁世凱更絕不讀書，均以此敗其名。諸葛與曾，俱是真正的讀書種子。觀乎此，可知書固不可不讀，尤貴乎讀而能化也。

何物李濟深，固未嘗讀書，他所秉賦的天才，固不如曹操，亦不如袁世凱，僅恃其「微乎其微」的聰明，也要東施效顰，玩弄權術，今日身入牢籠，不復再見天日，不特可憐，亦可笑矣！（民廿三之冬，筆者乘皇后郵船由港赴滬，適與李濟深同舟，曾以朱執信尊人所著《朱棣垞集》贈之，想他必不會讀，惜哉！）

展堂先生呢，他是前清一位「孝廉公」，早年已讀破萬卷書，又曾留學異邦，環遊過大地，展堂「學問」是有的，可惜欠缺了「術」。筆者上月為文，論述清末有名的三總督，直隸總督袁世凱，有術而無學，兩湖總督張之洞，有學而無術，兩廣總督岑春煊，不學無術，此話本來是五十年前的輿論。

（三十九）

展堂頗似張之洞，學問好而術不足，光緒帝的遺詔，要誅袁世凱，為張所阻，清室卒亡於袁。書獃子辦事不能狠，是術不足以濟事。民十一，國父取道桂林北伐，因知陳炯明勾結吳佩孚，乃率兵四萬人回師，其時陳逆所部葉舉大兵尚在南寧，陳炯明僅擁眾二千在惠州，蔣先生主張國父先發制人，立將陳炯明撲滅，此乃蔣先生之卓見，是奇策，乃為展堂書生之見所阻，此是展堂的術不足以濟事之一。

民國十六年四月十八日，國民政府成立於南京，初與武漢的中央黨部及政府，是對立的，那時武漢政府尚在容共時期，因此而下令免去蔣總司令之職，並開除其黨籍，此當然是共黨的主張。

此時之汪精衛氏，已由歐洲回國，亦在武漢，六七月間，在武漢國民黨之重要中委，發覺共黨的陰謀，確有危害國民黨之虞，於是亦決策分共，與南京方面，取同樣的步驟，除宋慶齡一人反對之外，汪精衛、譚延闓、孫科、宋子文、陳公博、唐生智、張發奎等，均一致實行反共，驅除共產黨。

八月十二日，南京方面，既知武漢的行動，為促成甯漢合作起見，蔣總司令及胡展堂、蔡元培、吳稚暉等，先後通電下野，以示合作誠意，歷史上稱為「寧漢合作」。此事是由馮玉祥居間調停的。

九月十五日，國民黨在南京召開聯席會議，由南京武漢及西山會議派，三方面同志，共同組織特別委員會，行使中央黨部職權，由九月至十一月，因蔣先生下野後，出遊日本，失去重心，黨內糾紛愈甚，內容十分複雜。汪精衛氏主張召開國民黨第二屆之四中全會，解決國是。

十二月十日四中全會開預備會議於上海，由汪精衛建議，敦促蔣先生復任國民革命軍總司令，繼續行使職權，全體通過。

十七年一月，蔣總司令宣布復職，發出通電二通：一致各路將領，戒勿口誦心違；一致全國人民，言自上年八月退職後，糾紛益甚，認為是本人曠職之咎，故不容計私人得失，遵黨的決議，繼續舊職，專司軍事，至黨務政治，應由中央主持云云。

蔣總司令之復職，是由汪精衛在四中全會預備會議所提出，大約展堂因此之故，心中仍有若干芥蒂，故未有返京與蔣先生合作。二月初間，展堂且約同孫科、古應芬、伍朝樞、吳鐵城諸同志，放洋出國，漫遊歐美各國。

（四十）

汪精衛於是年四中全會之後，因其主張請蔣先生復職，大遭桂系李宗仁、李濟深等之忌，聯合吳稚暉等，對汪氏大肆攻擊，將以行動不利於汪，於是汪亦引咎下野，遠赴法國休息。

汪氏聞得展堂到歐洲旅行，於其逗留在德國之時，特由法赴德訪之，意欲解釋前嫌，交換政見。但展堂竟拒而不納，不允接晤，此節外間甚少人知，事後汪氏親口對筆者所言。於此一端，亦足以見展堂先生度量之不廣也。

十七年五月，蔣總司令自兼第一集團軍總司令，以馮玉祥為第二集團軍總司令，閻錫山為第三集團軍總司令，李宗仁為第四集團軍總司令，會師北伐。六月，國民革命軍抵定北平，七月六日，蔣馮閻李四總司令，同蒞西山碧靈寺國父靈柩之前舉行祭告北伐成功之禮。蔣總司令以國父未能及身親見，哭甚哀，馮閻李三人則無甚戚容云。

八月，展堂及古應芬、孫科、伍朝樞、吳鐵城等，環遊歐美各國事畢，回抵上海。

國父所製定之《建國大綱》、《建國方略》、國民革命的步驟，第一級為軍政時期，第二級為訓政時期，第三級為憲政時期，規定於施行憲政之時，舉出總統，然後成立五院的。此時南北已統一，軍政的階段，已告完成，應該可以進入訓政時期了。展堂回國後，發表訓政時期的政見，認為可以提前成立五院，以便容納各方人才，共圖建設。

八月八日，國民黨召開五中全會，通過展堂的主張。十月四日，中央政治會議公佈國民政府及五院組織法。中央常務委員會議決，選任今總統蔣先生為國民政府主席，譚延闓為行政院長，胡漢民為立法院長，王寵惠為司法院長，戴傳賢為考試院長，蔡元培為監察院長。

雙十節，國府主席及五院長宣誓就職，旋發表施行訓政宣言，是為展堂與蔣先生再度合作之開始。

（四十一）

筆者寫此文的動機，欲將展堂之生平事跡，撮其要者報導出來，以備他日有人替他作傳者參考之用。初意以為至多寫十期或八期，約七八千言，可以畢其事。不意於敘事之餘，夾以議論，又因題外之人與展堂有關連之故，不能不引其人其事，夾敘入內。於是，越寫越有，長寫長有（粵諺），寫滿了四十期，尚未能完稿。現在僅寫至民十七年的事，倘若要寫至展堂先生逝世時為止，尚須寫數萬言，方能完畢，縱使讀者不討厭其冗長，筆者亦自覺其辭太費。昨與編輯先生商量，擬寫至現在階段為止，暫時告一段落，下期當改寫其他的掌故文章，替讀者一換口味。編輯先生甚以為然，想讀者亦必同情。

民十七，展堂先生五十歲，交入晚年時期了，民廿五，卒於廣州，享年五十有八。由民十八至民廿五，尚有八年事跡可紀，倘若讀者仍欲知甚後事如何，擬遲一個月，筆者將展堂晚年的事跡，搜羅齊備，當再寫一篇〈記晚年的胡展堂先生〉作為續編，那時讀者便可以窺全豹了。

抑尚有所欲言者，自從汪胡分道揚鑣之後，展堂先生之於凡是姓汪之人，已逐漸疏遠，見面時候甚少，故筆者於其晚年事跡，不甚知其詳，尤其是民二十，展堂辭立法院長職，退休於湯山一事，那時筆者不在南京，不明瞭其經過的實在內容，若僅據報章所載，恐未足以證其詳實，筆者雅不欲以耳聞者，當作目擊，故不願輕率下筆。至展堂五十歲前的事跡，容有為筆者所遺忘，掛一漏萬，在所不免。展堂先生知交遍海外，老同志今尚健存者，尚有多數，倘若記錄有展老的嘉言懿行，及其他史實，深望賜給筆者，俾得重新寫過一篇內容比較充實的傳稿，以為保存歷史文獻之一助，亦我輩後死朋友之責也。企予望之，請寄本報社轉交即妥，盼甚！禱甚！就此擱筆。

血歷史158　PC0856

新銳文創
INDEPENDENT & UNIQUE

任重而道遠：

民初巨擘胡漢民傳

原　　著　胡漢民、汪希文
主　　編　蔡登山
責任編輯　石書豪
圖文排版　林宛榆
封面設計　王嵩賀

出版策劃　新銳文創
發 行 人　宋政坤
法律顧問　毛國樑　律師
製作發行　秀威資訊科技股份有限公司
114 台北市內湖區瑞光路76巷65號1樓
電話：+886-2-2796-3638　傳真：+886-2-2796-1377
服務信箱：service@showwe.com.tw
http://www.showwe.com.tw
郵政劃撥　19563868　戶名：秀威資訊科技股份有限公司
展售門市　國家書店【松江門市】
104 台北市中山區松江路209號1樓
電話：+886-2-2518-0207　傳真：+886-2-2518-0778
網路訂購　秀威網路書店：https://store.showwe.tw
國家網路書店：https://www.govbooks.com.tw

出版日期　2019年9月　BOD一版
定　　價　250元

Printed in Taiwan

國家圖書館出版品預行編目

任重而道遠：民初巨擘胡漢民傳 / 胡漢民,
汪希文著. -- 一版. -- 臺北市：新銳文創,
2019.09
面；　公分. -- (血歷史；158)
BOD版
ISBN 978-957-8924-65-9(平裝)

1.胡漢民 2.傳記

782.882　　108013154